ENZYKLOPÄDIE
DEUTSCHER
GESCHICHTE
BAND 18

ENZYKLOPÄDIE
DEUTSCHER
GESCHICHTE
BAND 18

HERAUSGEGEBEN VON
LOTHAR GALL

IN VERBINDUNG MIT
PETER BLICKLE,
ELISABETH FEHRENBACH,
JOHANNES FRIED,
KLAUS HILDEBRAND,
KARL HEINRICH KAUFHOLD,
HORST MÖLLER,
OTTO GERHARD OEXLE,
KLAUS TENFELDE

ADEL IN DER FRÜHEN NEUZEIT

VON
RUDOLF ENDRES

R. OLDENBOURG VERLAG
MÜNCHEN 1993

Die Deutsche Bibliothek - CIP-Einheitsaufnahme

Enzyklopädie deutscher Geschichte / hrsg. von Lothar Gall in
Verbindung mit Peter Blickle ... - München : Oldenbourg.
  Literaturangaben
  ISBN 3-486-53691-5
NE: Gall, Lothar [Hrsg.]

Band 18. Endres, Rudolf: Adel in der frühen Neuzeit - 1993

Endres, Rudolf:
Adel in der frühen Neuzeit / von Rudolf Endres. - München :
Oldenbourg, 1993
  (Enzyklopädie deutscher Geschichte ; Bd. 18)
  ISBN 3-486-55742-4 brosch.
  ISBN 3-486-55743-2 Gb.

© 1993 R. Oldenbourg Verlag, München

Das Werk einschließlich aller Abbildungen ist urheberrechtlich geschützt.
Jede Verwertung außerhalb der Grenzen des Urheberrechtsgesetzes ist ohne
Zustimmung des Verlages unzulässig und strafbar. Das gilt insbesondere für
Vervielfältigungen, Übersetzungen, Mikroverfilmungen und die Einspeicherung und die Bearbeitung in elektronischen Systemen.

Umschlaggestaltung: Dieter Vollendorf, München

Gesamtherstellung: R. Oldenbourg Graphische Betriebe GmbH, München

ISBN 3-486-55743-2 geb.   ISBN 978-3-486-55742-8
ISBN 3-486-55742-4 brosch.   eISBN 978-3-486-71841-6

Vorwort

Die „Enzyklopädie deutscher Geschichte" soll für die Benutzer – Fachhistoriker, Studenten, Geschichtslehrer, Vertreter benachbarter Disziplinen und interessierte Laien – ein Arbeitsinstrument sein, mit dessen Hilfe sie sich rasch und zuverlässig über den gegenwärtigen Stand unserer Kenntnisse und der Forschung in den verschiedenen Bereichen der deutschen Geschichte informieren können.
Geschichte wird dabei in einem umfassenden Sinne verstanden: Der Geschichte der Gesellschaft, der Wirtschaft, des Staates in seinen inneren und äußeren Verhältnissen wird ebenso ein großes Gewicht beigemessen wie der Geschichte der Religion und der Kirche, der Kultur, der Lebenswelten und der Mentalitäten.
Dieses umfassende Verständnis von Geschichte muß immer wieder Prozesse und Tendenzen einbeziehen, die säkularer Natur sind, nationale und einzelstaatliche Grenzen übergreifen. Ihm entspricht eine eher pragmatische Bestimmung des Begriffs „deutsche Geschichte". Sie orientiert sich sehr bewußt an der jeweiligen zeitgenössischen Auffassung und Definition des Begriffs und sucht ihn von daher zugleich von programmatischen Rückprojektionen zu entlasten, die seine Verwendung in den letzten anderthalb Jahrhunderten immer wieder begleiteten. Was damit an Unschärfen und Problemen, vor allem hinsichtlich des diachronen Vergleichs, verbunden ist, steht in keinem Verhältnis zu den Schwierigkeiten, die sich bei dem Versuch einer zeitübergreifenden Festlegung ergäben, die stets nur mehr oder weniger willkürlicher Art sein könnte. Das heißt freilich nicht, daß der Begriff „deutsche Geschichte" unreflektiert gebraucht werden kann. Eine der Aufgaben der einzelnen Bände ist es vielmehr, den Bereich der Darstellung auch geographisch jeweils genau zu bestimmen.
Das Gesamtwerk wird am Ende rund hundert Bände umfassen. Sie folgen alle einem gleichen Gliederungsschema und sind mit Blick auf die Konzeption der Reihe und die Bedürfnisse des Benutzers in ihrem Umfang jeweils streng begrenzt. Das zwingt vor allem im darstellenden Teil, der den heutigen Stand unserer Kenntnisse auf knappstem Raum zusammenfaßt – ihm schließen sich die Darlegung und Erörterung der Forschungssituation und eine entspre-

chend gegliederte Auswahlbibliographie an –, zu starker Konzentration und zur Beschränkung auf die zentralen Vorgänge und Entwicklungen. Besonderes Gewicht ist daneben, unter Betonung des systematischen Zusammenhangs, auf die Abstimmung der einzelnen Bände untereinander, in sachlicher Hinsicht, aber auch im Hinblick auf die übergreifenden Fragestellungen, gelegt worden. Aus dem Gesamtwerk lassen sich so auch immer einzelne, den jeweiligen Benutzer besonders interessierende Serien zusammenstellen. Ungeachtet dessen aber bildet jeder Band eine in sich abgeschlossene Einheit – unter der persönlichen Verantwortung des Autors und in völliger Eigenständigkeit gegenüber den benachbarten und verwandten Bänden, auch was den Zeitpunkt des Erscheinens angeht.

Lothar Gall

Inhalt

Vorwort des Verfassers	IX
I. Enzyklopädischer Überblick	1
1. Adel	1
1.1 Begriff und Typologie	1
1.2 Anteil und Vorrechte	3
2. Adel in der Reichsverfassung	4
2.1 Der Reichsfürstenstand	4
2.2 Die Reichsgrafen	6
2.3 Der Ritteradel zu Beginn der Neuzeit	9
2.4 Die Reichsritterschaft	10
2.5 Adel und Reichskirche	14
2.6 Adlige Herrschaft	16
3. Der landsässige Adel	18
3.1 In den österreichisch-böhmischen Erblanden	18
3.2 In Brandenburg-Preußen	23
3.3 In Sachsen	30
3.4 In Bayern	32
3.5 Am Niederrhein und in Westfalen	35
4. Die „standesgemäße Nahrung"	37
4.1 Landwirtschaft	38
4.2 Staatsverwaltung	41
4.3 Militär	43
4.4 Kirchliche Pfründen	44
5. „Feudalstaat" und „Feudalgesellschaft"	47
II. Grundprobleme und Tendenzen der Forschung	49
1. Adel in der Frühen Neuzeit	49
1.1 Beharrung und Mobilität in der ständischen Gesellschaft	49
1.2 Differenzierung im Rechtssinn des 18. Jahrhunderts	51
1.3 Adelskritik in der Aufklärung	52
2. Adel im Reich	55
2.1 Erhebungen in den Reichsfürstenstand	55

2.2 Bedeutung der Reichsgrafen 57
  2.3 Der Ritteradel zu Beginn der Neuzeit 60
  2.4 Reichsritterschaft 68
  2.5 Adel und Reichskirche 74
  3. Adel in den Territorien 77
  3.1 In den österreichisch-böhmischen Erblanden 77
  3.2 Die Junker in Ostelbien 83
  3.3 In Kursachsen 92
  3.4 In Bayern 95
  3.5 Stiftsadel in Westfalen 98
  4. Adlige „Nahrung" und Versorgung 100
  4.1 Grundherrschaft und Gutswirtschaft 100
  4.2 Adel und Bürokratie 104
  4.3 Der adlige Offizier 106
  5. Adel in den Landständen – ein Überblick 110

III. Quellen und Literatur 117
  A Quellen 117
    1. Archivalische Quellen 117
    2. Gedruckte Quellen 118
    3. Genealogien, Adelslexika 119
  B Literatur 122
    1. Adel allgemein – Übersichten 122
    2. Reichsfürsten und Reichsgrafen 123
    3. Reichsritterschaft 125
    4. Landsässiger Adel 127
      4.1 In den österreichisch-böhmischen Erblanden ... 127
      4.2 In Brandenburg-Preußen 128
      4.3 In Sachsen 130
      4.4 In Bayern 131
      4.5 Am Niederrhein und in Westfalen 132
    5. Die wirtschaftlichen Grundlagen 133
      5.1 Grundherrschaft und Gutsherrschaft 133
      5.2 Bürokratie 136
      5.3 Das adlige Offizierskorps 138
      5.4 Kirche 138
    6. Landstände 140
Register 142
Themen und Autoren 151

Vorwort des Verfassers

Die Geschichte des Adels ist in der historischen Forschung in den letzten Jahrzehnten deutlich in den Hintergrund getreten, abgesehen von einigen speziellen Fragestellungen der mittelalterlichen Geschichte. Erst in den letzten Jahren hat sich die Forschung wieder etwas mehr und intensiver mit der Rolle und Bedeutung des Adels in der Frühen Neuzeit beschäftigt, insbesondere mit seinen Aufgaben und Funktionen in den jeweiligen Landtagen. Daß bei einer Darstellung der Geschichte des Adels in der Frühen Neuzeit nicht alle Räume gleichmäßig oder gar einzelne Familien behandelt werden können, ergibt sich aus der Vielzahl, der Vielfalt und der Heterogenität des Adels von selbst. Allein die Berücksichtigung aller landesfürstlichen Familien hätte eine umfassende vergleichende Landesgeschichte notwendig gemacht, was hier nicht geleistet werden kann. Deshalb habe ich mich, abgesehen von den Reichsgrafen, hauptsächlich auf den Niederadel beschränkt, also auf die freie Reichsritterschaft und den landsässigen Adel in den größeren Territorien. Dabei standen neben der politischen Bedeutung und Problemen der sozialen Mobilität vor allem Fragen der „standesgemäßen Nahrung" und Versorgung im Mittelpunkt des Interesses. In einem Überblick wird dargelegt, welche Bedeutung die Grundherrschaft und Gutswirtschaft für den Adel besaß und welche Rolle der Adel in der kaiserlichen oder landesfürstlichen Bürokratie, im Militärwesen und in der Reichskirche spielte. Da ein eigener Band „Der Hof in der Frühen Neuzeit" vorgesehen ist, habe ich die Bereiche Hof, adlige Erziehung, Bildung, Kultur, Jagd oder Freizeitgestaltung nicht gesondert abgehandelt, sondern nur im Rahmen meiner Fragestellungen berücksichtigt.

Für die jeweiligen Abschnitte zu den „Grundproblemen und Tendenzen der Forschung" bot sich eine engere thematische und auch territoriale Anlehnung an die Gliederung des „Enzyklopädischen Überblicks" an. Bezüglich der Literatur habe ich nur selten auf ältere Werke zurückgegriffen, sondern vielmehr versucht, den neueren und neuesten Forschungsstand aufzuzeigen. Deshalb wurde in der Hauptsache auf Aufsätze oder Beiträge in Sammelwerken zurückgegriffen, da Monographien zum Thema Adel kaum erschienen sind. Der Blick auf vor allem landesgeschichtliche Literatur ergibt rasch, daß gewisse Regionen besser erforscht sind, während für andere Räume starke Defizite verzeichnet werden müssen. Dies gilt insbesondere für die ostelbischen Gebiete, die einmal große Adelslandschaften gewesen sind.

Da in der neueren historischen Forschung die Geschichte der Landstände, in denen der Adel eindeutig dominierte, eine wichtige Rolle spielt, wurden in einem Überblick auch die gegenwärtigen Tendenzen der diesbezüglichen Forschung aufgezeigt. Ansonsten wurde die Rolle des Adels in den jeweiligen territorialen Landständen berücksichtigt.

Im III. Teil wird zunächst auf die schwierige Archivlage hingewiesen. Auch muß auf die Überfülle von gedruckten Texten, Abhandlungen und Kleinschriften, die sich mit den unterschiedlichsten Aspekten des Adels beschäftigen, verzichtet werden, wie auch auf die vielen Adelstheorien und Ständelehren. Gleiches gilt auch für die Masse der familiengeschichtlichen Abhandlungen und Genealogien. Aufgenommen wurden überwiegend die in den letzten zwei Jahrzehnten erschienene einschlägige Literatur. In der Darstellung wurde das Gebiet des alten Reiches berücksichtigt, also mit Einschluß der österreichisch-böhmischen Erblande.

I. Enzyklopädischer Überblick

1. Adel

1.1 Begriff und Typologie

Adel ist ein universalgeschichtliches Phänomen, das sich in allen Definition
Kulturkreisen nachweisen läßt. Adel bezeichnet in den traditionellen Verbänden die aufgrund von Geburt, Besitz oder Leistung sozial
wie politisch privilegierte Führungsschicht, einen Stand, eine Klasse
oder Kaste mit gruppenspezifischem Ethos und mit besonderen charakteristischen Lebensformen und Lebensnormen. Hauptsächliches
Kennzeichen des Adels ist seine soziale Exklusivität gegenüber untergeordneten Bevölkerungsgruppen und Schichten, seine kastenartige Abgeschlossenheit, vor allem auch in genealogischer Hinsicht.
Zwar ist der Adel infolge der jeweiligen unterschiedlichen gesellschaftlichen, politischen, ökonomischen und kulturellen Voraussetzungen vielfach differenziert, doch läßt er sich in seinen Strukturierungen sowie in seinen Daseinsformen und Leistungen in gewissen
gleichartigen Merkmalen fassen und damit als gesamthistorischer
Typus verstehen.

Der Versuch einer Typologie des heterogenen Adels im deut- Typologie
schen Reich der Frühen Neuzeit kann die unterschiedlichen Eliten
nur auf die Formen der Legitimation und auf ihre sozialen Funktionen innerhalb des politischen Gesamtverbandes zurückführen. Im
Sinne der Unterscheidung MAX WEBERS von charismatischer, traditionaler und rationaler Begründung von Herrschaft kann beim Adel
zwischen Geblütsadel und Amts- oder Verdienstadel unterschieden
werden. Weitere übliche, wenn auch unscharfe Unterscheidungen
sind Uradel und Briefadel. Dabei gehört die Erhebung einzelner
oder ganzer Familien in den Adelsstand durch den Kaiser oder den
absolutistischen Herrscher bereits zum Kennzeichen der untergehenden Adelswelt, denn die vielen Nobilitierungen bedeuteten die
Zerstörung der sozialen Exklusivität der Oberschicht.

Weiterhin wird zwischen altem und neuem Adel unterschieden,
zwischen Turnier-, Stifts- und Beamtenadel, zwischen Geschlechts-
oder Personaladel sowie zwischen landsässigem und stadtsässigem

Adel. Grundlegend war die Unterscheidung zwischen Reichsadel oder reichsunmittelbarem Adel und dem mittelbaren Adel oder Landesadel. Beim Landesadel wiederum war wichtig, ob man zum landständischen Adel zählte oder nur zu jenen Familien, die nicht auf den Landtagen erscheinen durften. Im Laufe der Jahrhunderte war diese heterogene Adelsgesellschaft vielfachen Differenzierungs- und Umschichtungsprozessen unterworfen.

Adel in der marxistischen Geschichtsschreibung

Für das marxistische Konzept der Geschichtsformationen war die feudale Ausbeutung der ländlichen Massen durch den Adel das wichtigste Kennzeichen der vorkapitalistischen Epoche. Die Entstehung der Landesherrschaft in den Territorien und der Übergang zur „feudalen Ständemonarchie" änderten demnach nur das äußere Erscheinungsbild des Adels, nicht aber die feudale Ausbeutung. Im absolutistischen Fürstenstaat trat dann zur Feudalrente als Existenzquelle des Adels die „zentralisierte Rente", die in Form von Steuern bei den bäuerlichen und städtischen Untertanen eingetrieben und als Gehälter, Pensionen, Dotationen usw. an den Adel verteilt wurde. Die scharfen Konflikte zwischen Landesfürsten und Landständen, in denen der Adel auf seinen Rechten und Privilegien beharrte, werden damit erklärt, daß der Adel nur langsam erkannte, daß der absolute Fürstenstaat viel besser die wahren Interessen des Adels vertreten konnte als die Ständemonarchie. Deshalb beschränkte sich die DDR-Historiographie weitgehend auf die Erforschung der feudalen Gutsherrschaft der „Junker" und vernachlässigte alle anderen Probleme der Geschichte des „Klassenfeindes".

Konstanz des Herrschaftsstandes

Trotz aller Erschütterungen, Veränderungen und Wandlungen ist das Heilige Römische Reich Deutscher Nation bis zu seinem Ende im wesentlichen ein ständisches Gebilde geblieben. Dabei konnte der Adel in einer komplexen, vielfach gestuften Hierarchie als „gestufte Gesamtheit" seine Rolle als Herrschaftselite und als führender, privilegierter Stand wahren. Dies gilt vorrangig für den hohen Adel, der als Mitglied reichsunmittelbarer, regierender Häuser der Träger des zentralen Staatswillens in den Territorien war. Es trifft aber auch auf den landsässigen niederen Adel zu, der die Führungskräfte in den Territorien stellte. Auch wenn der sich seit der Mitte des 17. Jahrhunderts in den Territorialstaaten stärker ausbildende Absolutismus die tradierten Mediatgewalten, insbesondere in den Landständen, in ihren alten Rechten und Funktionen beschränkte oder gar ausschaltete, so hat er sie doch als soziale und politische Ordnungskräfte erhalten und ihnen entscheidende Führungsfunktionen in Heer und Verwaltung übertragen. Der deutsche

Adel spielte als gestaltendes politisch-soziales Element und als Konstante des gesellschaftlich-staatlichen Lebens in der Geschichte des Reiches und seiner Territorien eine ganz herausragende Rolle. Mit den Fürstenhöfen erreichte die Adelskultur in der Frühen Neuzeit eine späte und höchste Blüte. Typisch wurde der barocke Hofadel, der sich deutlich vom Landadel abhob, insbesondere dann, wenn der Hofadel durch Nobilitierung in diesen Rang gekommen war und dem sich abschließenden alten Geburtsadel gleichgestellt zu werden suchte. Je mehr Ämter und Stellen von den Fürstenstaaten angeboten wurden, desto mehr Alt- und Neuadlige strömten in diese ein, so daß die absolutistischen Staaten in der großen Breite ihrer personellen Spitzen gegliederte Adelsgesellschaften waren.

1.2 Anteil und Vorrechte

Der Adel stand an der Spitze der Herrschaftspyramide in Deutschland und hob sich in der Sozialordnung deutlich ab. Dabei hatte der Adel um 1500 einen Anteil von etwa 1½ Prozent an der Gesamtbevölkerung und um 1800 sogar nur von etwa 1 Prozent. Die Zahl der Adligen wurde für 1800 auf 250000 geschätzt, bei einer Gesamtbevölkerung von 24 Millionen in Deutschland. Dem Adel gehörten somit nicht ganz 50000 Familien an, von denen etwa 20000 im Königreich Preußen lebten. Dazu kamen in den neuen polnischen Provinzen weitere 34000 adlige Familien, die meist arm waren. In Böhmen, Mähren und Schlesien betrug der Bevölkerungsanteil des Adels sogar nur 0,1–0,12 Prozent, der jedoch mehr als zwei Drittel der Herrschaften und Güter besaß. 1802 umfaßte der in Böhmen in den Landtafeln eingetragene Besitz insgesamt 2332 Herrschaften und Güter, wobei 1453 Herrschaften und Güter 316 Adligen gehörten, von denen wiederum 241 Mitglieder des Herrenstandes und die übrigen des Ritterstandes waren. In der Neumark Brandenburg und in Kursachsen waren knapp zwei Drittel der Bauern dem Adel untertan und in Schlesien etwas mehr als die Hälfte aller Dorfbewohner. Neben den mächtigen Dynastien und dem reichen Adel gab es aber auch viele verarmte Familien. Hierzu zählte man ein Drittel des schlesischen und knapp ein Viertel des neumärkischen Adels. Um 1800 klassifizierte man fast ein Fünftel des preußischen Adels als arm.

Die persönlichen Vorrechte aller Adelsmitglieder umfaßten den besonderen Gerichtsstand und verschiedene Vorrechte im Kriminalprozeß wie z.B. die Hinrichtung mit dem Schwert oder das

Recht, daß bei Flucht das Vermögen nicht konfisziert wurde, sondern bei der Familie blieb. Außerdem besaß der Adel Privilegien auf dem Gebiet der freiwilligen Gerichtsbarkeit. Er hatte das Recht auf Siegelmäßigkeit, der Nachlaßinventur, der Errichtung von Fideikommissen. Er besaß unbeschränkte Lehensfähigkeit sowie zahlreiche Sonderrechte auf dem Gebiet der Jagd, des Zoll-, Maut- und Steuerwesens. Dazu kamen zahlreiche Ehrenvorrechte bezüglich der Kleidung, der Titulatur und Anrede sowie der eigene Kirchenstuhl. Der Adel übte in der Regel die Niedergerichtsbarkeit und oftmals sogar die Hochgerichtsbarkeit über seine Hintersassen oder Untertanen aus.

2. Adel in der Reichsverfassung

Nach der verfassungsrechtlichen Stellung unterscheidet man zwischen reichsunmittelbarem und landsässigem Adel. Der reichsunmittelbare Adel wiederum gliederte sich in reichsständischen Adel und bloß reichsunmittelbaren Adel, also die Reichsritterschaft. Die Reichsstandschaft war an die Aufnahme in die Reichsmatrikel geknüpft.

Den reichsständischen Adel bildeten die Häuser, die im Besitz reichsständischer Herrschaften waren. Sie wahrten streng die Ebenbürtigkeit und griffen beim Konnubium in der Regel über die Landesgrenzen hinaus, so daß eine internationale Hochadelsgesellschaft entstand. Sie lebten als Dynasten oder Standesherren nach dem Zusammenbruch des Reiches in den souverän gewordenen Gliedstaaten weiter.

2.1 Der Reichsfürstenstand

An der Spitze der Reichsstände standen die sieben Kurfürsten. In den Kreis der Kurfürsten wurden im Laufe der Frühen Neuzeit noch Bayern (1623 bzw. 1648) und Braunschweig-Lüneburg (1691/1708) aufgenommen. Im Reichsfürstenkolleg der geistlichen und weltlichen Fürsten mit insgesamt 100 Stimmen waren viele 1521 in der Reichsmatrikel aufgeführte geistliche Stände durch die Reformation verlorengegangen, so daß sich das Verhältnis zugunsten der weltlichen Fürsten verschob.

Die politische Funktion und Bedeutung der zahlenmäßig dünnen Oberschicht von reichsunmittelbaren Landesherrn und Reichsständen behandeln zu wollen, würde bedeuten, einen Grundriß der

2. Adel in der Reichsverfassung

politischen Geschichte wie auch der Verfassungs- und Sozialgeschichte des Reiches und seiner Territorien in der Frühen Neuzeit liefern zu wollen, was nicht unsere Aufgabe ist. Deshalb sei hier nur auf zwei soziale Phänomene hingewiesen.

Auch im Reichsfürstenrat gab es alte und neue Fürsten. Zu den alten Häusern zählten etwa Württemberg, Hessen, Baden, Mecklenburg, Holstein, Savoyen, Anhalt und Lothringen. Neue Fürstenhäuser waren u. a. die Familien Arenberg, Hohenzollern, Lobkowitz, Salm, Dietrichstein, Nassau-Diez, Auersperg, Ostfriesland, Fürstenberg, Schwarzenberg, Liechtenstein, Thurn und Taxis und Schwarzburg. Sie stiegen in den Reichsfürstenstand auf durch kaiserliche Erhebungen, mußten aber seit 1654 den Besitz einer reichsunmittelbaren Herrschaft vorweisen oder den baldigen Erwerb versprechen.

Neue Häuser – Erhebungen in den Reichsfürstenstand

Erhebungen in den Reichsfürstenstand waren vor dem Dreißigjährigen Krieg sehr selten. Doch dann wurden 1623 wegen ihrer Verdienste für den Kaiser die altgräflichen Häuser Salm und Hohenzollern in den Reichsfürstenstand erhoben. Durch Aufnahme in den Reichsfürstenstand aber wurden vor allem die Familien Wallenstein, Liechtenstein, Dietrichstein und Lobkowitz belohnt. Hier honorierte der Kaiser die ihm erwiesene Loyalität und den Glaubenseifer der Familien und zeigte Dank für reiche finanzielle Unterstützungen und militärische Hilfen. Das Konnubium mit den alten Reichsfürstenfamilien erfolgte meist sehr rasch. Seit der zweiten Hälfte des 17. Jahrhunderts wurden vor allem verdiente Militärs oder Staatsdiener vom Kaiser in den Reichsfürstenstand erhoben, wie die Schwarzenberg oder die Thurn und Taxis, die sich mit dem Aufbau des Postwesens verdient gemacht hatten.

Sozialgeschichtlich besonders aufschlußreich ist die Erhebung des Grafen Carl Josef II. von Palm 1783 in den Reichsfürstenstand. Die Familie, ein altes württembergisches Bürgergeschlecht, das Aufnahme in das reichsstädtische Patriziat von Eßlingen gefunden hatte, erlebte ihren Aufstieg mit Johann David Palm (1657–1721), der es in der habsburgischen Militärverwaltung bis zum Direktor des Generalkriegskommissariats brachte. Er baute zusammen mit anderen Familienangehörigen ein Wirtschaftsimperium auf und wurde bald zu einem der wichtigsten Kreditgeber der Kaiser. Die gewonnenen Reichtümer wurden zum Erwerb eines gewaltigen Güterkomplexes in Böhmen verwendet. Der Sohn Carl Josef I. machte als Diplomat Karriere und stieg über die Reichsritter- und Reichsfreiherrenwürde schließlich 1750 in den Grafenrang auf. Die angestrebte Reichsfürstenwürde wurde ihm jedoch von Maria Theresia

Das Beispiel Palm

wegen einer Affäre verweigert. Als Carl Josef II. von Palm dann bei Kaiser Joseph II. um den Reichsfürstenstand nachsuchte, verband er dies mit dem Angebot von 250 000 fl für das Allgemeine Krankenhaus in Wien. Der Kaiser lehnte ab, erklärte sich aber bereit, falls die Summe von 500 000 fl zur Verfügung gestellt würde. Palm stimmte zu, übernahm sich aber finanziell, zumal die neue fürstliche Lebensführung weitere immense Summen verschlang. Er mußte Liegenschaften verkaufen, und bald wurde das fürstliche Vermögen unter Administration gestellt. Da der verschwenderische Lebensstil beibehalten wurde und die Schulden weiter stiegen, wurde der Fürst Palm schließlich 1801 unter Kuratel gestellt, bis er verarmt und verbittert starb – freilich als Fürst.

Fürstenabsetzungen Vereinzelt kam es auch zu Fürstenabsetzungen, wobei das Reichskammergericht oder der Reichshofrat nur in den kleineren Territorien im Reich wirksam werden konnten. So wurde 1687 Graf Dietrich von Wied-Neuwied vom Reichshofrat abgesetzt, und 1698 setzte das Reichskammergericht Graf Gustav von Sayn-Wittgenstein-Wittgenstein ab. Besonderes Aufsehen erregte die Absetzung Karl Leopolds von Mecklenburg-Schwerin im Jahr 1727.

2.2 Die Reichsgrafen

Die Reichsgrafen bildeten in ihrem sozialen Rang, ihrem reichsrechtlichen Status wie ihrer Machtstellung nach ein Mittelglied zwischen den großen Territorialfürsten und der unmittelbaren Reichsritterschaft. Die Lehenshierarchie des Reiches gliederte den Adel vertikal, wobei die Adelsgruppen Fürsten, Grafen und Herren und schließlich Ritter zu Beginn des 16. Jahrhunderts ihre Ausformung erreicht hatten.

Im späten Mittelalter noch waren die Grafen mit den Rittern in regionalen Einungen verbunden gewesen, auch im Schwäbischen Bund und am stärksten und längsten in Franken, wo sie noch 1539 in Schweinfurt zu einer gemeinsamen Tagung zusammentraten. Doch dann setzten sich die Grafen in deutliche Distanz zur Reichsritterschaft und brachen auch das Konnubium ab. Sie gehörten nun zum deutschen Hochadel.

Trotz der Absicherung der Reichsstandschaft durch die Aufnahme in die Reichsmatrikel 1521 waren die Grafen und Herren doch weiterhin von der Mediatisierung durch die Reichsfürsten bedroht, weshalb viele Grafen sich an den Kaiser anlehnten, vor allem *Reichsgrafen als Landesherrn* viele Reichsgrafen im Südwesten des Reiches. Gleichzeitig entschie-

2. Adel in der Reichsverfassung

den sich alle Grafenhäuser, zuerst die großen und dann auch die kleineren, für die territoriale Entwicklung, wobei die Grafschaften in Niederdeutschland und Westfalen relativ rasch staatliche Organisationen in Territorien von oft beträchtlichem Umfang aufbauten. Es gab aber auch Grafschaften, die nur einige Ämter oder wenige Dörfer umfaßten, meist die Folge von Erbteilungen. Denn Primogeniturgesetze zur Erhaltung des territorialen Bestandes wurden erst sehr spät eingeführt. Doch waren die Grafen in ihren unterschiedlich großen Herrschaften uneingeschränkt landesherrliche Obrigkeit, wie die Reichsfürsten.

Ein bezeichnendes Beispiel für den Fürstendienst aus finanziellen Gründen ist Reinhard Graf zu Solms, Herr zu Münzenberg (1491–1562), dessen Biographie UHLHORN [89: Reinhard] verständnisvoll nachgezeichnet hat. Auch Reinhard Graf zu Solms mußte aus wirtschaftlichen Gründen in den Fürstendienst treten. Er hatte eine standesübliche Erziehung am Fürstenhof genossen und interessierte sich bald für die Artillerie und für den Festungsbau. Er trat in die Dienste des Kaisers und wurde sein Feldmarschall. Im Auftrag des Kaisers zerstörte er nach der Schlacht von Mühlberg die Festungen des Landgrafen von Hessen und wurde deshalb 1552 vom Landgrafen gefangengenommen. Nach seiner Freilassung trat er wieder in die Dienste des Kaisers, da er nur bei ihm Schutz vor den Zugriffen des Landgrafen fand. Doch er bot auch Kurfürst August von Sachsen seine Kriegsdienste an, denn er brauchte das Geld. Schließlich übernahm er das Obristenamt des Oberrheinischen Reichskreises und wurde Rat des Erzbischofs von Mainz.

Reinhard Graf zu Solms als Beispiel

Entscheidend für die weitere Entwicklung wurde die Einbindung der Grafen in die Reichskreise, auf denen sie Sitz und Stimme besaßen. Im Rahmen der Reichskreise entstanden die sog. „Grafenvereine" als überterritoriale korporative Zusammenschlüsse zur Wahrung ihrer Interessen und zum Schutz vor der drohenden Mediatisierung. Am zahlenstärksten war das schwäbische Grafenkollegium, dann folgte der Wetterauer Grafenverein, während der fränkische Grafenverein nur 8 Mitglieder zählte. Das niedersächsisch-westfälische Reichsgrafenkollegium wurde erst 1653 gebildet, nachdem vorher viele dem Wetterauer Grafenverein angehört hatten.

Die „Grafenvereine"

Der von den Reichsfürsten bestimmte Reichstag hatte den Grafen nur zwei Kuriatstimmen zugestanden, die von den schwäbischen und den Wetterauer Grafen wahrgenommen wurden. Während die reichsferneren westfälischen Grafen diese Entscheidung relativ leicht hinnahmen, protestierten die fränkischen Grafen ganz entschieden und setzten alles daran, ebenfalls Sitz und Stimme zu erreichen.

Mit dem Reichskreis besaßen die Grafen seit der Mitte des 16. Jahrhunderts den Rahmen für ihr politisches Handeln. Darin gewann die Organisation der Grafen im Grafenverein eine eigene Bedeutung. 1556 wurde in Franken das Amt eines Direktors eingerichtet, der die Korrespondenz führte, zu den Grafentagen einlud und für die Kasse sorgte. Im Wetterauer Grafenverein waren seit 1576 dem ausschreibenden Grafen vier Adjunkten beigeordnet, die bald den Konvent weitgehend ersetzten, so daß der Grafenverein rascher und beweglicher reagieren konnte. Dem Vorbild der Wetterauer folgten die Franken erst nach 1648. Konfessionell war der Wetterauer Grafenverein im Sog des Heidelberger Hofes kalvinistisch geprägt, und die Nassauer Grafen spielten im niederländischen Befreiungskrieg eine ganz wichtige Rolle. Wilhelm von Oranien war wohl einer der bedeutendsten Vertreter aus gräflichem Haus. Der fränkische Grafenverein war mehrheitlich lutherisch, und die meisten schwäbischen Grafen waren katholisch, bedingt durch die Verbindungen zum Kaiserhaus. Wie in Territoriumsgröße und Besitz, so waren die Grafen also auch konfessionell ausgesprochen heterogen. Meist gab es in den Familien oder Häusern Linien von unterschiedlichem Konfessionsstand.

Konfessionelle Heterogenität

Nach der Reichskrise von 1608 und dem Versagen des Kaisers als Schutzherr der kleinen Mächte im Reich versuchte vor allem der fränkische Grafenverein, in dem sich abzeichnenden konfessionell-politischen Streit seine Neutralität zu wahren und die Verbindungen zum Kaiser nicht abreißen zu lassen. Auch im Verlauf des Krieges suchten die Grafen zunächst neutral zu bleiben, doch bald wurden sie von beiden Kriegsparteien in die Kampfhandlungen einbezogen. Nach der Aussöhnung mit dem Kaiser im Frieden von Prag 1635 erreichten die fränkischen Grafen unter günstigen Konstellationen 1640/41 auf dem Reichstag eigene Stimme und Session. 1654 gelang dies auch den westfälischen Grafen, weil dies ganz im Sinne der kaiserlichen Politik lag. Denn Wien bemühte sich gezielt, den loyalen Adel im Reich mit dem Adel der Erblande zu verbinden und ihn sozial aufzuwerten.

Neue Kuriatstimmen

Dies war eine Folge des tiefen Umbruchs im Adel im Verlauf des Dreißigjährigen Krieges, vor allem des Umbruchs im böhmisch-österreichischen Herrenstand. In das Vakuum strömten katholisch gebliebene oder wieder katholisch gewordene erbländische Familien, aber auch zahlreiche Mitglieder der habsburgischen Partei im

Der Wiener Hof als Anziehungspunkt

Reich. Außerdem brauchte Wien den Grafenadel für die vielen Ämter und hohen Offiziersränge. Der Wiener Hof wurde nun zum Anziehungspunkt für viele Grafen aus dem Reichsgebiet. Durch die kaiserlichen Reservatrechte der Gnadenverleihung und der Standeserhöhung wurden hervorragende Häuser oder meist nur treue Linien sogar in den Reichsfürstenstand erhoben. Damit band der Kaiser die Familien enger an sich, nahm aber auch durch sie mehr Einfluß auf den Reichs- und Kreistagen und stärkte insgesamt die katholische Partei im Reich. Aber auch Berlin zog viele Grafen an.

In ihrer territorialen Beschränktheit bewahrten die kleineren Stände oftmals deutlicher als die großen Fürstenstaaten die typischen Merkmale adlig-feudaler Lebensauffassung und Lebensformen. Die patriarchalische christliche Obrigkeit, meist der Landesherr persönlich, kümmerte sich um das irdische und ewige Heil eines jeden Untertanen. Durch detaillierte Polizeiordnungen reglementierte der Graf das Leben seiner Untertanen in der „Durchläuchtigen Welt" bis ins kleinste. Doch konnten die wenigsten Grafen von den Einnahmen und Erträgen ihrer Zwergterritorien leben. Deshalb war fast allen gräflichen Häusern gemeinsam die Suche nach neuen Geldquellen. Der Dienst beim Kaiser oder bei einem der großen Fürsten war unausweichlich, und doch häuften sich im 18. Jahrhundert die kaiserlichen Debitkommissionen. Die Mediatisierungen im Zuge der „Flurbereinigung" unter Napoleon machten dem „uralten Graffen-Saal" ein Ende. ◻ „Durchläuchtige Welt"

2.3 Der Ritteradel zu Beginn der Neuzeit

In den ehemaligen staufischen Reichsterritorien, in Franken, Schwaben, im Rheinland und Elsaß waren die Reichsministerialität und auch der werdende Stiftsadel nie wirklich landsässig geworden. Der Niederadel schloß sich vielmehr zu Rittereinungen zusammen, die durch ein Privileg Kaiser Sigismunds von 1422 ausdrücklich gestattet wurden. Vorbild als politische Korporation wurde die schwäbische Gesellschaft mit St. Jörgenschild, die 1488 sogar Teil des Schwäbischen Bundes wurde. Noch hatten sich die Ritter 1495 dem „gemeinen Pfennig" entziehen können, doch schon bald machten die Sickingen-Krise 1522, der Bauernkrieg und die soziale Distanzierung durch die Grafen eine zunehmende politische Isolierung der Ritter deutlich, und dadurch wurde eine Organisation des Niederadels notwendig. Denn der Niederadel befand sich in einer schweren Identitätskrise, in die er durch den strukturellen Wandel des ◻ Identitätskrise des Niederadels

15. Jahrhunderts gekommen war. Seine politische, soziale und wirtschaftliche Prävalenz war gefährdet zum einen von der landesherrlichen Gewalt, vom im Entstehen oder im Ausbau begriffenen frühmodernen Territorialstaat, und zum anderen durch das aufsteigende und gebildete Bürgertum, das zunehmend als Konkurrent des Adels in Erscheinung trat.

Die Ritter und Luther

Viele Ritter hatten sehr früh schon enge Verbindungen zu Martin Luther und haben sich dessen Kirchenkritik zu eigen gemacht. Die vom Adel beherrschte und geprägte Kirche stand dabei im Mittelpunkt. Doch die Ziele der Ritter waren andere. So hat sich zwar Franz von Sickingen in seiner Fehde mit Trier auf Luther und das Evangelium berufen, doch tatsächlich wollte er selbst Kurfürst werden. Bei Ulrich von Hutten verbanden sich Pfaffenfeindschaft, ritterschaftliche Utopien und bemerkenswerte publizistische Fähigkeiten, die ganz entscheidend dazu beigetragen haben, Luther den Weg zu bereiten. Der Bauernkrieg 1525 aber brachte dann wieder eine Annäherung des Niederadels an den Fürstenstand. Die Reformation wurde nun zu einer Angelegenheit der Fürsten, und der Adel wurde von den einzelnen territorialen Reformationen erfaßt.

Raubritter

Der Reichstag 1495 hatte zwar einen ewigen Landfrieden erlassen, doch dauerte es noch mehrere Jahrzehnte, bis er zur allgemeinen Anerkennung gelangte. So versuchte Götz von Berlichingen zwar, die bisher standesüblichen Spielregeln der Fehde einzuhalten, doch von den anderen kleinen Raubrittern unterschied er sich in Methode und Größenordnung, so daß er zu einer Art „Raubunternehmer" wurde. Sein hohes Ansehen und sein politischer Weitblick ließen ihn im Laufe des Bauernkrieges sogar den Versuch unternehmen, mit den Aufständischen und dem Adel gegen den sich ausbildenden Territorialstaat vorzugehen und damit die Katastrophe des fränkischen Adels von 1523 wieder rückgängig zu machen. Aber er scheiterte.

2.4 Die Reichsritterschaft

„Geburtsstunde" der Reichsritterschaft

Erste Ansätze für eine Organisation des Niederadels zeigten sich schon 1532 bei der Türkenhilfe. Als „Geburtsstunde" kann die Türkensteuer von 1542 gelten, die die Ritter zu einer eigenen Organisation zwang, wenn sie nicht über eine Landsteuer endgültig und unzweifelhaft mediatisiert werden wollten. So kam es zuerst in Schwaben und am Rhein und etwas später auch in Franken zur Ausbildung einer reichsunmittelbaren Organisation der Ritter, die sich

2. Adel in der Reichsverfassung

zwischen 1540 und 1570 gegen den heftigen Widerstand der Landesfürsten aus den jeweiligen Landständen und Landtagen zurückzogen und ausschieden. In Fulda und Trier erfolgte der Ablösungsprozeß von den fürstlichen Lehensherrn erst später. Um die Mitte des 16. Jahrhunderts wehrten die Ritter auch die Versuche der Reichskreise ab, sie zu integrieren und damit der reichsfürstlichen Kontrolle zu unterwerfen.

Einen formalen Endpunkt der Ausbildung der drei Ritterkreise bildeten deren Ordnungen. Eine solche gaben sich die Reichsritter in Schwaben 1560, in Franken 1591 und am Rhein 1651. Die Ritterschaft im Elsaß blieb selbständig und suchte erst nach dem Dreißigjährigen Krieg vor dem Druck Frankreichs den Anschluß an die rheinische Ritterschaft, doch ehe diese zustande kam, mußte sie sich 1678–1681 Frankreich unterwerfen. Seit 1575 fanden Generalkorrespondenztage aller drei Ritterkreise unter einem turnusgemäß wechselnden „Generaldirektorium" statt, das jedoch ohne Behörde und Weisungsbefugnis blieb. Diese Generalkorrespondenztage, die im 17. Jahrhundert deutlich seltener wurden, dienten der Vorbereitung reichsritterschaftlicher Aktionen und der Beratung gemeinsamer Probleme. *Die drei Ritterkreise*

Wichtigste Organisationsform der Ritterschaft waren und blieben die Orte oder Kantone. Der Schwäbische Ritterkreis bestand aus den fünf Orten Donau, Hegau-Allgäu-Bodensee, Neckar-Schwarzwald mit dem nur assoziierten Viertel Ortenau, Kocher und Kraichgau. Der fränkische Kreis zählte die sechs Orte Odenwald, Gebürg, Rhön-Werra, Steigerwald, Altmühl und Baunach, der Rheinische Kreis die Orte Oberrhein, Mittelrhein und Niederrhein. Die Kantone waren im 17./18. Jahrhundert Hoheitsverbände oder obrigkeitliche Verbände sowie „Föderativherrschaften", in denen obrigkeitliche Rechte zwischen Kanton und den einzelnen Mitgliedern geteilt waren. Die Mitglieder des Kantons kamen zu regelmäßigen allgemeinen Rittertagen oder Plenarkonventen zusammen, zu denen alle persönlich immatrikulierten Mitglieder eingeladen wurden in denen sie aktives und passives Wahlrecht besaßen. Jeder Kanton hatte seine eigene Organisation und Behörde, deren Vorstand oder Spitze nach dem Dreißigjährigen Krieg mehr und mehr Aufgaben zuwuchsen oder übertragen wurden. Der Vorstand oder Hauptmann wurde nun mehr und mehr zum Vertretungsorgan der Ritter nach innen und außen und für den Kaiser zum Exekutivorgan seiner Interessen. Dies machte einen entsprechenden Verwaltungsapparat nötig. Das Ritterhaus der Kantone beherbergte auch ein Ortsarchiv und die Rittertruhe. *Die Ritterkantone oder Orte*

Mitglied des Kantons

Der reichsritterschaftliche Kanton muß sowohl als Personenverband wie auch als dinglicher territorialer Güterverband und als Rechts- und Gütergemeinschaft gesehen werden. Mitglied des Kantons war, wer persönlich mit Sitz und Simme zugelassen war, den Rittereid abgelegt hatte und im Besitz eines Rittergutes war, das der ritterschaftlichen Matrikel immatrikuliert war und zum Kanton steuerte. Neben adligem Besitz und Lebensstil war ein Ahnennachweis erforderlich, womit die Zulassung oder Abwehr von Aufsteigern kontrolliert werden konnte. Einflußreiche Männer nahm man gerne als „Personalisten" auf, bis sie ein ritterschaftliches Gut erwerben konnten.

Rückhalt der Reichsritter und ihres quasi territorialen „Staatskörpers" war der Kaiser, der Garant und Protektor ihrer Existenz schlechthin, dem auch ihre zahlreichen Privilegien zu verdanken waren. Zusammen mit den Prälaten und Reichsgrafen wurden die Ritter die treuesten Gefolgsleute der kaiserlichen Politik, denn nur beim Kaiser fanden sie Schutz vor der Expansion und dem Zugriff der Territorialfürsten.

Die Charitativsubsidien

Die Besteuerung außerhalb von Kreis und Territorium seit 1542 bedeutet aber nicht, daß die Ritter frei von Steuern und Abgaben für das Reich waren. Sie bezahlten Charitativsubsidien, die anfänglich ganz beträchtlich und für den Kaiser sicher waren. Sie bewilligten auch direkt dem Kaiser die Türkenhilfe und unterstellten die Truppen dem kaiserlichen Kommando. Dagegen weigerten sie sich bis zum Ende des Alten Reiches, Kammerzieler zu zahlen, denn sie fürchteten, über einen Beitrag zu den Kammerzielern auch zu den übrigen Reichssteuern veranlagt zu werden.

Die Ritter hatten das Reichskammergericht von Anfang an abgelehnt, da sie darin nur ein Instrument der Fürsten sahen. Bis in den Dreißigjährigen Krieg haben die Ritter auf das Reichskammergericht sogar fast völlig verzichtet. Dann aber wurde es für die rheinischen und Teile der fränkischen Ritter zum bevorzugten Gericht, während die schwäbischen Ritter mehr zum Reichshofrat tendierten.

Religionsfreiheit der Reichsritter

Im Augsburger Religionsfrieden von 1555 wurde die Religionshoheit zum Annex der Landesherrschaft und damit in vielen Territorien zur Krönung des Prozesses der Territorialisierung. Der Reichsritterschaft wurde das Recht der freien Entscheidung zugestanden, womit sie in Religionssachen den Reichsständen gleichgestellt war. Dies bedeutet aber auch, daß die Religionsfrage von den Rittern weitgehend ausgespart bleiben mußte, wenn die Zusammen-

2. Adel in der Reichsverfassung

arbeit weiterhin funktionieren sollte. Dabei ermöglichte die relative konfessionelle Offenheit des späten 16. Jahrhunderts es evangelischen Adligen immer noch, ihre Söhne in Domkapiteln unterzubringen. Auch konnte der Adel seine Position in der Reichskirche erfolgreich behaupten, so wie er auch aus den Staatsämtern nicht verdrängt werden konnte, denn die Ratskollegien wurden nun paritätisch besetzt. Da zudem die Stellung der Ritter an den Höfen unangreifbar war, spricht man sogar von einer „Refeudalisierung" „Refeudalisierung" gegen Ende des 16. Jahrhunderts.

Unter dem starken habsburgischen Einfluß hielten die schwäbischen Kantone Donau und Hegau treu zur alten Kirche, während in den übrigen Kantonen wohl bis zum Dreißigjährigen Krieg die Anhänger des evangelischen Bekenntnisses überwogen haben dürften. Dies gilt insbesondere auch für das Hochstift Würzburg, wo die gegenreformatorische Politik des Landesherrn die meisten Adligen zum Protestantismus trieb. So kam es in den 1560er Jahren zu einer deutschen Adelskrise im Gefolge der „Grumbachschen Händel", Die „Grumbach- als die Landesfürsten mit Macht die einheitliche Konfession durch- schen Händel" setzen wollten. Insgesamt aber wiesen die Reichsritter konsequent alle Versuche ab, sich für konfessionelle Ziele verwenden zu lassen. Die Reichsritterschaft war in den Auseinandersetzungen um die Auslegung des Augsburger Religionsfriedens überkonfessionell.

Das gute Verhältnis zum Kaiser kam jedoch mit dem Fall Do- Konfessionelle nauwörths 1605/08 in eine schwere Krise. In der paritätischen Gegensätze Reichsstadt gab es seit längerem Differenzen zwischen der katholischen Minderheit und der evangelischen Mehrheit. Wegen eines Zwischenfalls wurde über Donauwörth die Reichsacht verhängt und durch Maximilian von Bayern vollstreckt. Damit schied der Kaiser als Beschützer der kleinen Reichsstände und als Wahrer des Rechts aus, was sich unmittelbar auf den reichsadligen Verband auswirkte. Denn nun ließen sich die konfessionellen Gegensätze nicht mehr überbrücken. Zwar lehnte der Reichsadel die Werbungen der beiden großen Bündnisgruppen der Konfessionen, der Liga und der Union, ab, doch auf beiden Seiten standen Reichsritter in führenden Positionen. Die Polarisierung im Reich wurde nun in die Ritterschaft getragen.

Die traditionell katholischen Gebiete von Donau und Hegau Die Ritter im Drei- lehnten sich an den Kaiser und an Bayern an, während der fränki- ßigjährigen Krieg sche Reichsadel sich auf protestantischer Seite engagierte. Die vier fränkischen Kantone Steigerwald, Rhön-Werra, Baunach und Gebürg schlossen sich der evangelischen Union an, ohne ihr jedoch förmlich beizutreten. Als 1632 Schweden als Schutzmacht des Protestantismus in Süddeutschland erschien, wechselte der evangelische Reichsadel mehrheitlich die Seiten. Die evangelischen Teile der drei Ritterkreise traten sogar dem Heilbronner Bund bei, zu dem sich 1633 die oberdeutschen Protestanten zur Unterstützung der schwedischen Kriegsführung zusammenschlossen. Damit war der konfessionelle und politische Bruch innerhalb der Reichsritterschaft perfekt. Bald aber erwies sich das Bündnis der evangelischen Ritter mit Schweden als Enttäuschung. Denn neben den drückenden Kriegslasten brachte es nicht die erhofften Säkularisierungen. Diese kamen nicht dem Ritteradel zugute. Nach dem Zusammenbruch der schwedischen Herrschaft gewährte der Kaiser den evangelischen Reichsrittern eine großzügige Amnestie, wodurch sich das Verhältnis zum Reichsoberhaupt wieder wesentlich besserte. Auch die Organisationen der Reichsritterschaft begannen wieder zu funktionieren, und die konfessionellen Unterschiede traten deutlich in den Hintergrund. Auf dem Westfälischen Friedenskongreß 1648 scheiterte endgültig der Versuch, Sitz und Stimme auf dem Reichstag zu erhalten, doch wurden der Reichsritterschaft die Reichsunmittelbarkeit und das Jus reformandi nochmals ausdrücklich bestätigt.

2.5 Adel und Reichskirche

Status quo ante nach dem Dreißigjährigen Krieg

Im Westfälischen Frieden erreichte die Reichsritterschaft die Wiederherstellung des Status quo ante. Allerdings wurde nun die strikte Unvereinbarkeit von evangelischer Konfession und altkirchlichen Pfründen festgeschrieben, was nicht zuletzt zu einem häufigen Wechsel von evangelischen Reichsrittern zur alten Kirche führte.

Reichskirche bleibt Adelskirche

„Das System des Heiligen Reiches, ja seine hervorstechende Katholizität, beruhte ganz wesentlich auf dem Reichsadel" [284: ARETIN]. Die Bestimmung, daß die Domkapitel aus Adligen bestehen müssen, geht auf Adelsstatuten des 14./15. Jahrhunderts zurück, die von Rom bestätigt wurden. Kirchenrechtlich wurde dieses an sich unkanonische System durch ein Breve Papst Alexanders VI. von 1500 bestätigt, in dem die etwa tausend Pfründen der Mainzer Kirchenprovinz für den deutschen Adel reserviert wurden. Dieses Breve galt bald auch für die Kirchenprovinzen von Salzburg, Trier und Köln und wurde sogar von den österreichischen Kirchenprovinzen Prag und Breslau übernommen, die keine Reichsstandschaft besaßen. Auch nach 1648 war und blieb die Reichskirche eine

2. Adel in der Reichsverfassung 15

Adelskirche. Denn die Wahl des Bischofs lag allein in den Händen des adligen Domkapitols, und Papst und Kaiser behielten nur ein Bestätigungsrecht. Durch die Beherrschung der Reichskirche aber erhielten die katholischen Reichsritter eine viel stärkere Beteiligung an der Reichspolitik als ihre evangelischen Standesgenossen, denn ihre katholischen Mitglieder konnten bis zur Kurfürstenwürde aufsteigen, was das Selbstbewußtsein der Reichsritter ganz massiv gestärkt hat. Exklusiv dem Hochadel vorbehalten waren allein die Kapitel in Köln und Straßburg.

Die Hochstifte Mainz, Würzburg, Bamberg, Trier, Worms und Speyer waren fest in den Händen der Reichsritterschaft. Von den 45 Bischöfen dieser Bistümer zwischen 1648 und 1803 kamen nur vier nicht aus reichsritterschaftlichen Familien. Mainz, Würzburg und Bamberg beschränkten sogar die Stiftsmäßigkeit exklusiv auf die drei Ritterkreise. Und durch die Verschärfung der Adelsprobe versperrten die Reichsritter Neuadligen und Landsässigen die Wahl in die Domkapitel.

Die „Pfaffengasse" an Rhein und Main

Das bekannteste Beispiel für die Aufstiegsmöglichkeiten von Reichsrittern in der Reichskirche ist die Familie Schönborn, die erst im 17. Jahrhundert als Westerwälder Rittergeschlecht in Franken Fuß faßte und 1678 in den Reichsgrafenstand erhoben wurde. Mit gezielter Familienpolitik und Patronage stiegen die Schönborn in der Reichskirche innerhalb kürzester Zeit zu einer der angesehensten Familien im Reich auf. Innerhalb dreier Generationen, zwischen 1642 und 1756, besetzten sechs Mitglieder der Familie vierzehn Fürstenthrone, so daß man mit Recht von einer einzigartigen Dynastiebildung der Schönborn sprechen kann. Mit dem wichtigen Kurfürstentum Mainz (Johann Philipp und Lothar Franz), Kurtrier (Franz Georg), Worms (Johann Philipp und Franz Georg), Speyer und Konstanz (Kardinal Damian Hugo), Bamberg (Lothar Franz und Friedrich Karl) und zahlreichen Dignitären in den verschiedenen Domkapiteln beherrschte die Familie Schönborn weitgehend die Reichskirche.

Daß die Reichsritterschaft bis zum Ende des Alten Reiches Bestand hatte, verdankt sie letztlich neben dem Schutz durch den Kaiser vor allem den geistlichen Fürsten und der engen Verflechtung mit der Reichskirche. Denn die geistlichen Fürsten im Rhein-Main-Gebiet erwiesen sich als die großen Protektoren der Reichsritter. Dabei beruhte die Bedeutung der Reichsritter wesentlich auf ihrer Stellung in den Domkapiteln. Dies gab ihnen die Möglichkeit, selbst in den Reichsfürstenrang, ja sogar zum Reichskanzler aufzu-

Die Schönborn

steigen. Der wichtige Anteil der geistlichen Fürstentümer eröffnete dem Kaiser aber auch den Einfluß auf die Reichskreise. Das besonders enge Verhältnis zwischen Kaiser und Reichsrittern zeigt sich auch in den beiden geistlichen Ritterorden: Der Deutsche Orden und der Johanniterorden waren zwar hauptsächlich des „Adels Spital", doch stellten sie dem Kaiser auch eine ganze Reihe vorzüglicher Offiziere, Staatsmänner und Diplomaten, und das gilt in noch größerem Maße für die Reichsritterschaft.

Der evangelische Reichsadel und der landsässige Adel haben nach 1555 entschieden gegen die Ausschließung aus den Domherrenstellen, Abteien und Fürstbistümern durch den „Geistlichen Vorbehalt" gekämpft. Der Streit wurde erst 1648 geschlichtet, als die Erzstifte Bremen und Magdeburg, die Fürstbistümer Minden, Verden, Halberstadt, Ratzeburg, Schwerin und Cammin säkularisiert und die Pfründen dem protestantischen Adel überlassen wurden. Zugleich wurde bestimmt, daß in Magdeburg und Lübeck nur protestantische Bischöfe gewählt werden durften und in Osnabrück alternierend ein Katholik und ein Protestant. Außerdem mußten in Osnabrück, Lübeck, Halberstadt, Minden und Straßburg die Domkapitel gemischt zusammengesetzt sein.

Pfründen für den protestantischen Adel

2.6 Adlige Herrschaft

Neben der „Staatlichkeit" der Landesherren und Reichsstände übten auch die Ritter „adlige Herrschaft" aus. Denn von ihren Burgen, Schlössern oder Sitzen aus geboten die Ritter über ihre abhängigen Bauern und Hintersassen in den umliegenden Dörfern. Dabei erstreckte sich die Adelsherrschaft zunächst und vor allem auf die Grundherrschaft, weshalb die Bauern verschiedene Abgaben und Frondienste zu leisten hatten. Dann besaßen die Ritter die Gerichtsherrschaft über ihre Hintersassen, die sich in der Regel auf die niedere Gerichtsbarkeit beschränkte, weshalb sie auch als Vogteiherrschaft bezeichnet wurde. In manchen Gegenden, wie etwa im Südwesten des Reiches, war der Adel vielfach sogar noch Leibherr über seine Bauern, was beschränkte Freizügigkeit und Heiratsfähigkeit der Leibeigenen bedeutete. Auch hatte der Leibherr Anspruch auf Dienste und Teile der Hinterlassenschaft im Todesfall, auf das sog. Besthaupt. Weiterhin nahm der Ritter alle übrigen Herrschafts- und Hoheitsrechte wahr, mit Ausnahme der Steuerhoheit, die beim Kanton lag. So übte der evangelische Reichsadlige das Summepiskopat aus, wie der adlige Patronatsherr auch den Pfarrer und Lehrer

Der Ritter als „Landesherr"

2. Adel in der Reichsverfassung

installierte und den Kirchweihschutz garantierte. Der Adlige übte das Gesetzgebungsrecht aus, erteilte Privilegien, bestellte öffentliche Beamte und benannte Vormundschaften. Er besaß das Recht zur Aufnahme von Untertanen sowie das Abzugs- und Nachsteuerrecht, wenn ein bisheriger Untertan seinen Herrschaftsverband verließ. Er nahm das Marktrecht wahr und forderte Brücken- und Pflastergeld. Er errichtete für seine Hintersassen oder Untertanen Handwerkszünfte und neue Gewerbe und zwang ihnen den Mühlen- und Bierbann auf. Auch besaß er den Wildbann und die Forsthoheit samt der Hoch- und Niedergerichtsbarkeit in seinen Wäldern und auf den Fluren der Bauern, auf denen sie auch herrschaftliche Schäfereien dulden mußten. Gleich einem Landesherrn forderte er von seinen Untertanen die Erbhuldigung, das sichtbarste Zeichen der adligen Herrschaft.

Das Recht zur Aufnahme von neuen Untertanen verführte nach dem Dreißigjährigen Krieg viele Reichsritter dazu, ihre Dörfer unbeschränkt aufzufüllen, ohne den Menschen jedoch eine Existenz und wirtschaftliche Versorgung bieten zu können. Durch diese unkontrollierten und überhasteten „Peuplierungen" sammelten sich in manchen reichsritterschaftlichen Dörfern die Armen und Habenichtse der näheren und weiteren Umgebung, aber auch Gauner, Diebe, Marodeure, invalide Soldaten und vor allem die zahlreichen „Schnorr- und Betteljuden". *Peuplierungen*

Zu einer eigenartigen Zwischenstellung zwischen Reichsritterschaft und landsässigem Adel brachte es ein Teil des Niederadels im Fürstentum Kulmbach-Bayreuth. Nachdem schon den Rittern vom Landesherrn 1515 die Gerichtsbarkeit über ihre Hintersassen zugestanden wurde, kamen noch zahlreiche weitere Privilegien und Vorrechte dazu. Schließlich wurde der korporative Zusammenschluß sanktioniert und der Ritterschaft ein eigener verfassungsrechtlicher Status verliehen, mit Religionsfreiheit und Steuerfreiheit, so daß die „Voigtländische Ritterschaft" mit praktisch den gleichen Rechten und Freiheiten ausgestattet war wie die reichsfreie Ritterschaft, nur mußte sie die Landeshoheit der Kulmbach-Bayreuther Fürsten anerkennen. Die milde Form des Landsassiats oder der Landsässigkeit und die zahlreichen Privilegien führten dazu, daß sich weitere Ritterbezirke im Fürstentum Bayreuth 1663 freiwillig der Korporation anschlossen. *Die „Voigtländische Ritterschaft"*

Schwierig gestaltete sich das Verhältnis von Reichsritterschaft und städtischem Patriziat. Im 16. Jahrhundert konnte das Patriziat von Straßburg, Augsburg und Nürnberg, das allein für gleichrangig *Reichsritter und Patriziat* angesehen wurde, der Reichsritterschaft noch beitreten. Allerdings wurde nur, wer das Bürgerrecht aufgab und auf seinem Landsitz adliges Leben praktizierte, immatrikuliert und rezipiert.

Als nach den schweren Verlusten des Dreißigjährigen Krieges die Fluktuation und Mobilität in den Kantonen besonders hoch waren und viele Rittergüter in bürgerlichen Besitz übergingen, mußte über die Behandlung der neuen Rittergutsbesitzer entschieden werden. Der Streit um die Gleichrangigkeit von alten und neuen Rittergutsbesitzern eskalierte zunächst in einem Streit um die Titulatur oder Anrede. Dann aber bestätigte der Kaiser 1696/97 den Nürnberger Patriziern ihren alten Adel und damit die Ebenbürtigkeit. Daraufhin wurden mehrere Nürnberger Patrizierfamilien bei der Reichsritterschaft immatrikuliert und rezipiert, ohne ihr Bürgerrecht aufgeben zu müssen.

Seit dem Rittertag zu Heilbronn, 1750, durften Neuaufnahmen nur mit Zustimmung aller drei Ritterkreise erfolgen, wobei zugleich die Bestimmungen für Neuadlige deutlich verschärft wurden; das richtete sich gegen die vielen Nobilitierten, die den verarmten Adel auskauften.

Mediatisierung Mit dem Verfall der Reichsverfassung setzte auch die Mediatisierung der Reichsritter ein. Den Anfang machte Preußen nach 1791 in Ansbach und Bayreuth. Doch wurde dies wie auch der 1802 einsetzende Rittersturm in Sachsen, Bayern und Württemberg als eklantanter Bruch der Reichsverfassung, aber auch als Zeichen für den bevorstehenden Untergang des Reiches angesehen. Im Preßburger Frieden vom 15. Dezember 1805 wurde dann endgültig die Mediatisierung der Reichsritterschaft festgelegt, die insbesondere von Württemberg und Baden mit aller Härte durchgeführt wurde. Am 20. Januar 1806 gab das Generaldirektorium die Auflösung der Reichsritterschaft bekannt. Der Wiener Kongreß sah keine Restauration der Reichsritter vor.

3. Der landsässige Adel

3.1 In den österreichisch-böhmischen Erblanden

Die österreichischen und böhmischen Länder waren ausgeprägte Adelsregionen. Der „erbländische" Adel des Hauses Österreich stellte die zahlenmäßig größte Gruppe des landesherrlichen Adels im Reich dar. In der Monarchia Austriaca wurden deutlich fünf Adelsstufen unterschieden: 1. der Fürstenstand, 2. der Grafenstand,

3. der Herrenstand, 4. der Ritterstand, 5. der einfache Adelsstand. Die ersten drei Stände umfaßten den Hochadel, während die beiden letzten den Niederadel bildeten. Auffallend war die sehr hohe soziale Mobilität im Adel der österreichisch-böhmischen Erblande.

In Tirol und in den vorderösterreichischen Landen dominierte der Ritteradel, während in den anderen Landesteilen der Herrenstand deutlich ausgeprägt war. Gegenüber den Standesgenossen im Reich schien der erbländische Adel ein gewisses Defizit an Dignität und Würde zu haben, da er landsässig und nicht auf dem Reichstag vertreten war, abgesehen von den wenigen Häusern, die in den Reichsfürstenstand erhoben wurden. Doch brachte die unmittelbare Nähe zum Kaiser und zum Hof in Wien einen gewissen Ausgleich.

In den Erzherzogtümern ob und nieder der Enns, in den Herzogtümern Steiermark, Kärnten und Krain, in der Grafschaft Tirol sowie in den böhmischen Landen war bis zur Gegenreformation oder bis zur sozialen Umschichtung im Dreißigjährigen Krieg der einheimische Adel die vorherrschende Oberschicht. Dieser bestimmende Adel nutzte seit der Mitte des 16. Jahrhunderts die Schwäche der Regierung und vor allem die hohen finanziellen und militärischen Anforderungen der Türkenabwehr aus, um dem Landesherrn ständische und konfessionelle Privilegien abzuringen. Der Drang nach ständischer Autonomie und die Hinwendung zur reformatorischen Bewegung waren untrennbar verbunden. Der Adel durchbrach den Religionsbann der Landesherren und führte auf der Grundlage des Patronatsrechts auf seinen Besitzungen die Reformation ein. 1568 bewilligte Kaiser Maximilian II. den Herren und Rittern ob der Enns die Religionskonzession, wofür diese 1,2 Mill. fl zu zahlen hatten. Die Religionsassekuration von 1571 kostete die Ritter und Herren des Landes unter der Enns sogar 2,5 Mill. fl. In der Steiermark, Kärnten und Krain erlangten die protestantischen Adligen 1578 die gleichen konfessionellen Freiheiten. Zahlreiche Adlige beriefen evangelische Geistliche aus dem Reich in ihre Pfarreien und Schloßkirchen. Bei dem weniger autonomen Ritteradel in Tirol und in den Vorderlanden dagegen spielte das evangelische Bekenntnis kaum eine Rolle. Die Habsburger konnten als Landesherrn den Religionsbann nicht durchsetzen, und Maximilian II. duldete sogar viele evangelische Adlige an seinem Hof.

Evangelischer Adel und ständische Autonomie

Doch bald setzte in Innerösterreich die Gegenreformation ein. Die Jesuiten wurden nach Graz berufen, und das dortige Gymnasium wurde zur Universität erhoben. Die konfessionellen Zugeständnisse an den Adel wurden zurückgedrängt, und 1601 erzwang

Gegenreformation Erzherzog Ferdinand die Ausweisung aller evangelischen Prediger gegen den Widerstand des evangelischen Adels. Mit dem späteren Bischof Melchior Khlesl gewann zudem die Gegenreformation einen überaus fähigen und politisch entschlossenen Verfechter. Zunehmend wurde der evangelische Adel vom Hof verdrängt und durch gezielte Nobilitierungen von Katholiken auch im Herren- und Ritterstand das Gewicht zugunsten der alten Kirche verschoben. Eindeutig bevorzugte der Hof katholische Adlige bei der Besetzung von Amtsstellen.

Doch der „Bruderzwist im Hause Habsburg" provozierte den Widerstand des Adels. Die evangelischen Herren und Ritter Nieder-
„Majestätsbrief" österreichs verweigerten die Huldigung und warben eigene Truppen an. Schließlich mußte am 19. März 1609 Erzherzog Matthias nachgeben und im „Majestätsbrief" die Rechte der Evangelischen festschreiben. Die Machtentfaltung der Adligen erreichte einen Höhepunkt. Auch in Böhmen erlangte der Adel im Majestätsbrief Rudolfs II. 1611 weitgehende ständische und konfessionelle Zugeständnisse und Freiräume.

Nachdem sich aber die Dynastie auf die Nachfolge des Erzherzogs Ferdinand von Innerösterreich einigte, der als Vorkämpfer der Gegenreformation und als Absolutist bekannt war, brach mit dem „Prager Fenstersturz" 1618 der offene Widerstand der ständischen Opposition in Böhmen aus. Ihr schloß sich der evangelische Adel in Niederösterreich und in Oberösterreich an. Der Protestant Tschernembl stellte das Konzept einer adligen Mitregierung vor, und die
Ständische Stände verweigerten Ferdinand die Huldigung. Als die Aufständi-
Opposition gegen schen eine Konföderation bildeten, beteiligte sich jedoch nur ein
Ferdinand Teil des Adels daran, denn die Konfessionalisierung hatte den österreichischen Adel gespalten. Im Sommer 1620 leisteten bereits 86 niederösterreichische Adlige Ferdinand die Huldigung.

Die Katastrophe in der Schlacht am Weißen Berg am 8. November 1620 beendete schlagartig die ständisch-protestantische Opposition des Adels. Mit aller Härte wurden die ständischen Vorrechte und Freiheiten des böhmischen Adels beseitigt. Viele Rebel-
Auswanderung len wurden hingerichtet, und noch mehr mußten das Land verlas-
und Vertreibung sen. Allein nach Kursachsen wanderten 322 böhmische Adelsfami-
aus Böhmen lien aus. Zugleich wurde mit aller Entschiedenheit die Gegenreformation durchgeführt und mit der Durchsetzung des landesfürstlichen Absolutismus verbunden.

Auch in den österreichischen Erblanden verlor der evangelische Adel seine konfessionelle Autonomie. Bald wurde auch hier

3. Der landsässige Adel

der Adel vor die Alternative zwischen Konversion oder Auswanderung gestellt. Nicht weniger als 800 Adlige aus 85 verschiedenen Geschlechtern verließen die Steiermark, und das kleine Herzogtum Kärnten verlor 160 Mitglieder seines Adels. Noch 1653 stellte Kaiser Ferdinand III. erstaunt fest, daß es in Nürnberg fast 700 Adlige aus den Erblanden gebe, die in der Reichsstadt im Exil lebten.

Die Niederlage auf dem Weißen Berg aber führte vor allem in Böhmen und Mähren zu einer gewaltigen Güterverschiebung als Folge der zahlreichen Konfiskationen von Rebellengut und der Vertreibung aufständischer Adliger. Die adlige Oberschicht veränderte sich grundlegend. Nur ein Drittel aller adligen Grundherren in Böhmen verfügte noch über seine angestammten Güter, und in Mähren waren von den 40 Herrenstandsfamilien sogar 30 von Konfiskationen betroffen. In ihre Besitzungen und Positionen rückten zum einen katholisch verbliebene oder noch rechtzeitig konvertierte österreichische Adelsfamilien, die sog. „Trinkgeldempfänger" des Kaisers, wie etwa die Liechtenstein oder Eggenberg. Zum anderen folgten die militärisch erfolgreichen Aufsteiger, wie Aldringen, Collalto, Coloredo oder Bucquoy, und schließlich kamen viele katholische und kaisertreue Familien aus dem Reich, wie etwa die Schwarzenberg oder Fürstenberg.

Güterverschiebung in Böhmen und Mähren

„Trinkgeldempfänger"

Die Landesordnung von 1627 änderte in Böhmen und Mähren auch die Hierarchie der Stände. An die Spitze traten nun die Prälaten. Im Herrenstand folgten auf die Fürsten und Herzöge die vom Kaiser besonderes privilegierten Grafen, wie die Trauttmansdorff, Waldstein oder Martiniz vor den übrigen Herren. Dem kaisertreuen oder neuen Ritterstand wurden zuzüglich zahlreiche neue Landesämter geöffnet, die früher ausschließlich den Herren vorbehalten waren. Die Veräußerung von Landtafelgütern jedoch wurde an die Zustimmung des Königs gebunden.

Einen Sonderfall stellt Albrecht von Wallenstein dar. Er entstammte einer Linie des alten böhmischen Adelsgeschlechts der Wald(en)stein und wuchs unter deutsch-protestantischem Einfluß auf. Seit 1604 im militärischen Dienst der Habsburger, sicherte er sich seinen Aufstieg mit dem Übertritt zum Katholizismus. Die Heirat brachte ihm reiche Grundherrschaften in Mähren. Beim Ausbruch des Aufstands in Böhmen 1618 ergriff er sofort die Partei des Kaisers und stellte Truppen mit eigenen Mitteln auf. Nach der Schlacht am Weißen Berg erwarb er 58 Herrschaften von vertriebenen Rebellen, die zusammengefaßt 1624 zum Fürstentum Friedland erhoben wurden. In diesem Fürstentum schuf Wallenstein die Ver-

Albrecht von Wallenstein

sorgungsbasis für seine künftigen Heere. Durch seine Heirat mit Isabella Katharina von Harrach wurde er noch enger mit der kaiserlichen Politik verbunden. 1629 verlieh ihm der Kaiser die Herzogtümer Mecklenburg und das Fürstentum Sagan, um seine Schulden zu begleichen, und ernannte ihn zum „General des ozeanischen und baltischen Meeres". Wallenstein, der eine Politik der religiösen Toleranz und der Vertreibung aller fremden Mächte aus dem Reich vertrat, wurde 1630 auf Betreiben Maximilians von Bayern und Spanien zum Rücktritt gezwungen. Nach den großen Erfolgen Gustav Adolfs von Schweden übernahm Wallenstein 1631 wieder den Oberbefehl über die kaiserlichen Truppen, er manövrierte den Schwedenkönig aus Süddeutschland und besiegte ihn in der Schlacht bei Lützen. Als er die Politik der Bildung einer dritten Partei mit Brandenburg und Kursachsen betrieb und nach der böhmischen Krone griff, erregte er das Mißtrauen Wiens. Ein kaiserliches Patent bezichtigte ihn des Hochverrats und befahl, ihn tot oder lebendig zu fangen. Daraufhin verließ ihn seine Armee. Auf der Flucht wurde er in Eger, zusammen mit seinen wenigen Vertrauten, ermordet. Seine Pläne eilten seiner Zeit voraus. Militärische Genialität und adlige Gesinnung kennzeichneten ihn ebenso wie Ehrgeiz, blinder Stolz und Verschlagenheit, so daß sein Bild in der Geschichtsschreibung zwiespältig bleibt.

Umschichtungsprozeß im erbländischen Adel

In den österreichischen Erblanden verlief der Umschichtungsprozeß nicht so radikal. Nur in Niederösterreich kam es zu einem Austausch des Ritterstands, während in den Vorlanden und in Tirol der Ritteradel katholisch geblieben war und deshalb seine führende Rolle unverändert weiter behielt. Von den 44 Bischöfen auf österreichischen Bischofsstühlen im 18. Jahrhundert stammten nicht weniger als 21 aus Tirol.

In auffallendem Maße entstand in den Erblanden seit dem ausgehenden 17. Jahrhundert ein breiter Briefadel, der an Leute verliehen wurde, die sich durch Karrieren in Diensten des Kaisers verdient gemacht hatten. In Kärnten und in der Steiermark ergänzte sich der Adel zum Teil durch Neugeadelte aus der Beamtenschaft und vor allem aus der Wirtschaft, besonders durch nobilitierte reiche Besitzer von Eisenhämmern, die sogenannten Hammerherren, die vielfach bei der Alternative Auswanderung oder Rekatholisierung letzterer Möglichkeit den Vorzug gegeben hatten. Diese neugeadelten Familien wurden aber erst nach einigen Generationen vom alteingesessenen Adel akzeptiert, durch Konnubium integriert und in die Landstände aufgenommen. Die vielen Nobilitierten des

18. Jahrhunderts konnten jedoch vom alten Adel nicht mehr aufgenommen werden. Auch konnten die Nobilitierten keine Landgüter mehr erwerben, so daß sie sich als eine neue Schicht zwischen Ritteradel und Bürger schoben.

Während in den Erblanden der Herrenstand, der überwiegend kaisertreu verblieben war, in den Grafenstand aufstieg, sanken die Ritter ab, auch zahlenmäßig. Viele Rittersitze wurden von Herren oder auch von Klöstern aufgekauft. Der Kleinadel konnte sich in den österreichischen und böhmischen Erblanden, im Gegensatz zu Brandenburg-Preußen, nur bedingt halten.

Dafür aber entstand durch die Umschichtungen im Verlauf des Dreißigjährigen Kriegs jene gesamtösterreichische Aristokratie oder Hocharistokratie mit den großen Besitzungen in den böhmischen und österreichischen Erbländern, die zum Träger der barocken Hofkultur in der Kaiserresidenz Wien wurde. Die Hocharistokratie machte die österreichischen und böhmischen Länder zu ausgeprägten Adelslandschaften. Spätestens seit der Zeit des Prinzen Eugen von Savoyen stellte der Kaiserhof eines der großen Integrationszentren der europäischen Adelsgesellschaft dar. Der Wiener Hof wurde zum Mittelpunkt eines aristokratisch-familiären Beziehungsgeflechts, das für die gesamteuropäische Sozialgeschichte des Ancien régime Bedeutung erlangte. *[Hocharistokratie und Kaiserhof]*

3.2 In Brandenburg-Preußen

„Die Rolle, die der Adel in unserer preußischen Geschichte gespielt hat, ist eine sehr große", schreibt 1914 OTTO HINTZE. Die Standesbezeichnung für diesen heterogenen ostdeutschen oder ostelbischen Adel als „Junker" war üblich und wurde von den Adligen selbst benutzt.

Deutlich können die Rolle und Funktion der Junker in der preußischen Geschichte in zwei Perioden oder Epochen unterteilt werden. Die erste Epoche umfaßt die Zeit des kurmärkischen Territorialstaates bis zur Mitte des 17. Jahrhunderts. In dieser Zeit beruhte die Macht des Adels vor allem auf seiner wirtschaftlichen Stärke und seiner Rolle in den Landständen der hohenzollerischen Landesteile. Die zweite Epoche umfaßt die Zeit des Absolutismus unter der Regierung des Großen Kurfürsten und der Könige im 18. Jahrhundert. Hier standen die Auseinandersetzungen und Kämpfe um die bisherige Macht, die „Domestizierung" des Adels und seine Integration in das Staatswesen im Vordergrund. *[Die „Junker"]*

Im 16. Jahrhundert unterschied sich der Territorialstaat in der Kurmark in nichts von den übrigen Territorialstaaten im Reich. Dies gilt auch für das Verhältnis von Adel und Dynastie. Mit den Erbfällen Herzogtum Preußen (1618) und Cleve, Mark und Ravensberg am Niederrhein (1609/14) aber änderten sich Richtung und Qualität des Landesstaates der Hohenzollern. Geographisch zerstückelt, wurde das Staatswesen allein von der Dynastie der Hohenzollern zusammengehalten. Das innere Gefüge der regional geprägten Territorialstaaten wurde aber weniger von der Landesherrschaft als von den korporativ organisierten und privilegierten Landständen bestimmt, in denen der Adel eindeutig den Vorrang besaß.

Zusammenhalt durch die Dynastie

Nach der Reformation legte der Adel viele Bauern und schuf neue Herrensitze oder Vorwerke für seine Söhne, da nun die standesgemäße Versorgung durch die Kirche wegfiel. Viele Adlige eigneten sich hierzu sogar Kloster- und Kirchengüter an, so daß kurzzeitig die Gefahr bestand, daß es zu einer „Junkerkirche" käme. Die Kurfürsten waren zu schwach, um diese Entwicklung zugunsten des Adels verhindern zu können.

Der Adel in der Kurmark profitierte hauptsächlich von der günstigen Agrarkonjunktur des 16. Jahrhunderts. Noch zu Beginn des Jahrhunderts mußte sich Kurfürst Joachim I. (1499–1535) in einer „Adelskrise" mit fehdelustigen Adligen auseinandersetzen, von denen viele verarmt waren. Doch dann bildete sich langsam ein marktbezogenes, profit- und exportorientiertes grundherrliches und gutsherrliches Adels-Unternehmertum heraus. Die tradierte Grundherrschaft wandelte sich schrittweise in Gutsherrschaft mit neuen Einkommensquellen. Dabei besaß eine kleine Gruppe von 15 Familien etwa ein Drittel des adligen Grundbesitzes, und ihr Anteil stieg weiterhin an, während der Kleinadel Verluste hinnehmen mußte. Von den reichen Junkern aber wurden Bauernhöfe aufgekauft oder niedergelegt und bäuerliche Arbeitskräfte mit ihren Diensten und Abgaben in den gutswirtschaftlichen Eigenbetrieb eingebunden. Viele adlige Eigenwirtschaften oder Gutswirtschaften entwickelten sich weiter zur Gutsherrschaft durch die zunehmende Entrechtung vormals freier Bauern, ihre Bindung an die Scholle und die Belastung mit Frondiensten und Abgaben. Sie entwickelten sich hin zur „zweiten Leibeigenschaft", die im 18. Jahrhundert ihren Höhepunkt erreichte. In den ostelbischen Gebieten ging der Getreidehandel und der Export weiterer Agrarprodukte in die Hände der Ritter über und nicht an die Städte, die verarmten. Die Junker selbst übernahmen den lukrativen Landwarenhandel, wobei sie das Privileg

Gutswirtschaft und Gutsherrschaft

3. Der landsässige Adel

der Zollfreiheit für selbstproduzierte Waren voll ausnutzten und auch auf ihre Hintersassen übertrugen.

Mit der günstigen Agrarkonjunktur im letzten Viertel des 16. Jahrhunderts wuchsen die Eigenwirtschaften des ostelbischen Adels weiterhin rasch an. Das ausgehende 16. Jahrhundert war die Konsolidierungsphase der Junkerherrschaft. In dieser Zeit vollzog sich der Aufstieg gutswirtschaftlichen Unternehmertums auf breiter Front, und zum wichtigsten Merkmal der junkerlichen Gutsherrschaft wurde die Instrumentalisierung hoheitlicher Rechte für wirtschaftliche Zwecke. Bis in das 18. Jahrhundert wurden die Junker bei der Ausbildung der Gutsherrschaft durch die Landesherren nicht behindert. In Ostpreußen war die Landesherrschaft sogar selbst die treibende Kraft bei diesem Prozeß.

Der Aufstieg des Adels in den ostelbischen Gebieten, der Niedergang der Städte und die Unterwerfung der Bauern hatten unter anderem zur Folge, daß die unter zunehmender Finanznot leidenden Territorialfürsten von den Geldbewilligungen der Landstände abhängig wurden. Die Stände bewilligten und verwalteten seit 1549 die Steuern, und in den Ständen bestimmte nach dem Ausscheiden der Geistlichkeit nach der Reformation unangefochten der Adel, wobei vor allem die „Schloßgesessenen" den Ton angaben. Ohne die Steuerbewilligungen und die direkten Finanzhilfen oder Kredite des Adels hätten die Herrscher den drohenden Staatsbankrott nicht verhindern können. *Die Stände*

Als Gegenleistung für Steuerbewilligungen mußten die Kurfürsten dem Adel wichtigste politische, wirtschaftliche und soziale Zugeständnisse machen. So durften die Kurfürsten keine Bündnisse ohne Zustimmung der Stände abschließen, und bei der Besetzung aller Ämter und Pfründen sollten sie den einheimischen Adel bevorzugt berücksichtigen. 1610 mußten die Vergünstigungen für den Adel sogar noch erweitert werden: Alle wichtigen Ämter am Hof und im Staat sollten allein brandenburgischen Adligen vorbehalten bleiben. Denn der Adel hatte inzwischen seine Söhne auf die Schulen und Universitäten geschickt, so daß sie die nötigen Kenntnisse für die Übernahme der Ämter mitbrachten. Durch Ämternepotismus und Ämterpatronage engte sich die Übernahme der Staatsämter bald auf einige wenige Adelssippen ein. *Adelsprivilegien*

Selbst in dem durch Säkularisation 1525 entstandenen Herzogtum Preußen nahmen die früheren Deutschordensritter das friedliche Leben von Landedelleuten auf und verschmolzen bald mit dem einheimischen Adel. In Ostpreußen erwarb der Adel ebenfalls im *Adel im Herzogtum Preußen*

Laufe des 16. Jahrhunderts weitreichende Privilegien. Nur aus dem hohen Adel durften die höchsten Beamten des Herzogtums genommen werden, und schließlich wurden alle fürstlichen Erlasse, die die Rechte des Adels verletzten, für nichtig erklärt. Der ostpreußische Adel suchte sogar die gleiche Unabhängigkeit zu gewinnen wie der polnische. Das Herzogtum Preußen war auf dem Weg, eine Adelsrepublik zu werden, zunächst auch noch, nachdem es 1618 an Brandenburg fiel.

In ganz Nordostdeutschland und in den weiter östlich gelegenen Gebieten war der Adel im Laufe des 16. Jahrhunderts zur herrschenden Gruppe geworden. Der Landesherr war nicht mehr als der größte Gutsherr in einer Gesellschaft, die von den wirtschaftlichen Interessen der Gutsherrn bestimmt wurde, die allein ihren Reichtum zu mehren trachteten und sich energisch jeder kriegerischen Expansionspolitik der Hohenzollern widersetzten.

Mit dem tiefgreifenden Strukturwandel Kurbrandenburgs zur preußischen Monarchie aber veränderte sich die Stellung des Adels grundlegend. Als der Große Kurfürst die Macht 1640 übernahm, war die wirtschaftliche Position des Adels durch den Krieg schwer erschüttert. Schon die Außenpolitik des Kurfürsten mußte mit den Ständen seines Staatswesens zum Konflikt führen, insbesondere aber seine Forderung nach voller Landeshoheit, nach freier Verfügung über Finanzen, Heer und Verwaltung, während die Stände auf die Erhaltung der alten, tradierten Landesverfassungen in den einzelnen Landesteilen und die darin verbrieften ständischen Privilegien pochten. 1653 mußte der Kurfürst die ständischen Vorrechte bestätigen und sogar noch neue Privilegien zugestehen, doch erhielt er dafür 530 000 Taler, so daß er ein kleines stehendes Heer aufbauen konnte.

Entmachtung des Adels Da es aber keine Solidarität der Stände untereinander und auch nicht zwischen den verschiedenen Territorien gab, konnte der Kurfürst, teilweise mit Hilfe seiner stehenden Armee, seinen Willen zuerst in der Kurmark (1653), dann in Cleve und Mark (1660/61) und schließlich sogar in dem besonders aufsässigen Herzogtum Preußen (1663) durchsetzen und den Widerstand des Adels brechen. Der Adel verlor nun seine in den Landständen wahrgenommenen politischen Rechte und einen Teil seiner Privilegien. Aber sein sozialer Vorrang sowie die Gutswirtschaft und Gutsherrschaft mit der Gerichtsbarkeit und Polizeihoheit auf den Gütern blieben erhalten, wenn auch der Kurfürst durch seine Siedlungs- und Toleranzpolitik ganz erheblich zur Aufweichung der Adelswelt beitrug. Der Adel

3. Der landsässige Adel

verzichtete auf seinen Widerstand gegen das stehende Heer und die neuen Steuern und behielt dafür seine wirtschaftlich-sozialen Privilegien und seine lokale Herrenstellung. Allerdings waren nun die vom gutsherrlichen Adel ausgeübten Hoheitsrechte im Patrimonialgericht und Polizeiwesen zu staatlich delegierten Rechten geworden.

Als Ausgleich für den Verlust des ständisch-politischen Einflusses bot der Kurfürst dem Adel in Heer, Hof und Staatsverwaltung zahlreiche Versorgungsstellen an. Vor allem blieb dem Adel die beherrschende Rolle in der Bürokratie erhalten. Der Geheime Rat und andere hohe Ämter wurden bevorzugt mit einheimischen Adligen besetzt, insbesondere der Posten des Landrats, womit die Politik der späteren preußischen Könige vorweggenommen wurde. In dem von ihm geschaffenen stehenden Heer war das Offizierskorps praktisch ein Versorgungsinstitut des verarmten Adels, denn vom Hauptmann aufwärts waren alle Offiziere von Adel. Durch die Armee wurde der einheimische Adel fest an den Hohenzollernstaat gebunden. *Neue Versorgungsstellen*

Der Große Kurfürst entschädigte so seinen Adel in allen Landesteilen für die Verluste seiner politischen Freiheiten und gewöhnte ihn daran, dem Staate zu dienen. Der vorher weitgehend auf das Land und die Gutswirtschaft beschränkte Adel fand zunehmend neue Funktionen in der Hof- und Staatsverwaltung und im Offizierskorps. Der preußische Adel wurde zum Dienstadel, wobei der Armee eine besondere Bedeutung zukam. Die ersten Könige des 18. Jahrhunderts setzten diese Politik der „Domestizierung" des Adels konsequent fort.

Vor allem Friedrich Wilhelm I. bezog den einheimischen Adel bewußt und zielstrebig in die allgemeine Disziplinierung ein. Zu seinem Programm der Heeres-, Finanz- und Verwaltungsreform gehörte auch die Domestizierung des Adels. Vorrangig suchte er dies durch eine gezielte Indienstnahme des Adels für die eigene Armee zu erreichen, aber auch durch die Beschneidung seiner Steuerprivilegien und durch die Ausweitung des landesherrlichen Domanium zu Lasten seines Gutsbesitzes. Wichtigstes Instrument der Funktionalisierung des Adels war nicht der Hof, sondern das Heerwesen mit dem durch aristokratische Exklusivität und Homogenität charakterisierten Offizierskorps, das zum ersten Stand im Staate wurde. Dabei handelte es sich bei der Adelspolitik des Soldatenkönigs nicht um eine grundsätzliche Adelsfeindschaft, sondern um einen umfassenden Herrschaftsanspruch des Monarchen. Sein Absolutheitsanspruch lautete: „Keinen Herren kennen als Gott und den König in Preußen". *Domestizierung des Adels*

So setzte er die Besteuerung des Adels im Herzogtum Preußen gegen den erbitterten Widerstand der ostpreußischen Stände durch, und in Magdeburg erzwang er die Lösung aus dem Lehensverband und die Allodifikation der Rittergüter, verlangte dafür aber jährliche Abgaben, wogegen die betroffenen Adeligen sogar beim Reichshofrat gegen ihren Landesherrn klagten. Dagegen betonte der König die Vasallenpflichten seines Adels. Er verbot den Vasallen, in fremde Dienste zu treten, ins Ausland zu reisen ohne seine Erlaubnis und ihre Söhne im Ausland studieren zu lassen.

Das adlige Offizierskorps

Gleichzeitig aber setzte er die oftmals mehr erzwungene als freiwillige Rekrutierung des Offizierskorps aus dem einheimischen Adel durch. Er wollte keine Ausländer mehr im Offizierskorps haben. Da der in seiner Mehrheit arme Kleinadel nach standesgemäßen Existenzgrundlagen für seine nachgeborenen Söhne suchte, trafen sich hier die Interessen von Adel und Monarch. Die enge Verbindung von Adel und Offizierskorps sowie die Begründung des adligen Offiziersprivilegs prägten und bestimmten bald nachhaltig Geist und Charakter des preußischen Staates. Der Waffenrock wurde zum Richtmaß des gesellschaftlichen Ansehens. Doch kann von einer Identität der Interessen des Monarchen mit denen des Adels oder gar von „junkerlichen Klasseninteressen" nicht die Rede sein. Denn der Adel opponierte in den einzelnen Ständen noch immer gegen die absolutistische Politik des Monarchen und auch gegen seine Bauernschutzpolitik.

Friedrich II. und der Adel

Für Friedrich II. stand die Erhaltung der ständisch gegliederten Sozialverfassung im Mittelpunkt seines Adelsverständnisses und seiner Adelspolitik. So erlebte der Adel unter Friedrich II. seine hohe Zeit, und aus dem widerspenstigen Adel wurde die staatstragende Schicht in Preußen. Friedrich behielt die tradierte ständische Gliederung im Sinne einer Arbeitsteilung nach militärischen, administrativen und wirtschaftlichen Aufgaben bei. Dabei kam dem Adel eine besondere Rolle zu, weshalb Friedrich den Adel konservieren wollte. „Der Herrscher soll es als seine Pflicht ansehen, den Adel zu schützen, der den schönsten Schmuck seiner Krone und den Glanz seiner Armee ausmacht" (Politisches Testament 1752). Die Opfer und Treue des Adels für den Staat aber müssen entgolten werden. „Denn ihre Söhne sind es, die das Land defendieren, davon die Rasse so gut ist, daß sie auf alle Weise meritieret conservieret zu werden."

Vor allem mußte der König den durch die Kriege schwer geschädigten und verschuldeten Adel unterstützen, wenn er ihn als

3. Der landsässige Adel 29

Reservoir für seine hohe Bürokratie und sein Offizierskorps erhalten wollte. Der Förderung des Adels dienten vor allem die Bildung von Fideikommissen und Majoraten, wodurch der Güterteilung entgegengewirkt werden sollte. Auch verschärfte der König das Verbot des Verkaufs von Rittergütern an Bürgerliche. Doch der Adel war für freien Güterverkehr; immer mehr Bürgerliche drängten in den verschuldeten adligen Grundbesitz, so daß am Ende des Jahrhunderts in der Kurmark 13% der Güterbesitzer bürgerlich waren. Als weitere Hilfsmaßnahmen für den notleidenden Adel wurden Zinsmoratorien erlassen, und 1770 wurde die „Schlesische Landschaft" als Kreditwerk zur Entschuldung des Adels eingerichtet; ihr verdankte die zerrüttete Gutswirtschaft ihre Regeneration. Andererseits verführte die Agrarkonjunktur viele schlesische Gutsbesitzer dazu, die königliche Bauernschutzpolitik zu unterlaufen, was zu Aufständen führte.

Am Ende des Jahrhunderts reichte das Rittergut für viele Adlige als Existenzgrundlage nicht mehr aus. In der Kurmark lebten um 1800 von 409 adligen Landbesitzern nur noch 290 auf ihren Gütern, während 119 als Rentneradel in den Städten saßen. 503 Adligen standen bereits 79 bürgerliche Großgrundbesitzer gegenüber. Deshalb drängte der verarmte Adel immer stärker in die öffentlichen Ämter an den Hof und in das Offizierskorps. Die Einnahmen aus dem Amt bildeten jetzt die Existenzgrundlage des Adelsstandes. Der König rekrutierte deshalb nach dem Siebenjährigen Krieg seine Offiziere nur noch aus Adligen und reservierte die Ministerposten und Präsidentenstellen seiner Kollegialbehörden fast ausschließlich für den Adel. Bürgerliche Offiziere wurden nach dem Krieg zu den Husaren- und Garnisonregimentern abgeschoben. Auch übte Friedrich II. eine zurückhaltende Nobilitierungspolitik und adelte eigentlich nur noch besonders erfolgreiche bürgerliche Offiziere. Dagegen kam es zu einer wahren Flut von Nobilitierungen unter seinem Nachfolger Friedrich Wilhelm II., und das führte zu einem deutlichen Rückgang des Wertes des Adelsprädikats. Dies wiederum veranlaßte die alten Familien, sich um die Aufnahme in den Grafen- oder Freiherrenstand zu bemühen. Durch die ungezügelten Nobilitierungen sowie durch zahlreiche polnische und französische Emigranten gab es am Ende des Jahrhunderts eine Vielzahl verarmter Adliger, die in staatliche Ämter drängten – bis hinab zum Postmeister.

Doch gleichzeitig definierte das Allgemeine Landrecht von 1794 nochmals ausdrücklich den Adel als ersten Stand im Staate

Adel um 1800

und wies ihm einen reichen Katalog ausschließlicher Vorrechte zu: „Dem Adel als den ersten Stand im Staate, liegt nach seiner Bestimmung die Verteidigung des Staates sowie die Unterstützung der äußeren Würde und inneren Verfassung desselben hauptsächlich ob." Der Gesetzgeber verpflichtete ausdrücklich den Adel auf die vielfältige Rolle des eigentlichen Staatsstandes, d. h. auf die Wahrnehmung aller wichtigen Funktionen in Heerwesen und im Staats- und Hofdienst. Doch angesichts der „Adelskrise" und der zeitgenössischen Adelskritik, die die Position des Adels als geborenem Sozial- und Herrenstand grundsätzlich in Frage stellte, konnte dieser Versuch einer rationalen Legitimierung eines Geburtsstandes nur wenige überzeugen. Denn durch die wirtschaftlichen und sozialen Veränderungen der letzten Jahrzehnte des 18. Jahrhunderts war die politische und soziale Vorzugsstellung sehr in Frage gestellt. Deshalb stellt das Allgemeine Landrecht nur eine Beschreibung eines gegebenen, wenn auch bereits bedrohten Zustandes dar.

Adelskrise und Adelskritik

Daß die Junker bis zum Ende des 18. Jahrhunderts ihre beherrschende Stellung in Staat und Gesellschaft erhalten konnten, haben sie dem Staat zu verdanken, der ihre privilegierte Stellung aufrechterhielt und ihnen massive materielle Hilfe gewährte: billige Kredite, Befreiung von den meisten Zöllen und Abgaben, Handelsfreiheiten, Erschwerung des Erwerbs von Rittergütern durch Bürgerliche und gesicherter Zugang zu einträglichen Sinekuren. Vor allem aber blieben die wichtigsten Ämter im Staat und die vielen Offiziersstellen exklusiv dem Adel vorbehalten.

Mit dem Oktoberedikt von 1807 wurden im Königreich Preußen „die ehemaligen Stände" und mit ihnen der Adel als „politischer Stand" rechtlich beseitigt. Doch damit war die in mancher Hinsicht verhängnisvolle Rolle des Gutsherrnadels als Herrenschicht nicht beendet.

3.3 In Sachsen

Das Verhältnis des Adels zum Staat wurde auch in den wettinischen Ländern durch die Entwicklung des Ständewesens bestimmt. In Thüringen konnte der letzte ernestinische Kurfürst Johann Friedrich die Landstände weitgehend ausschalten. Im albertinischen Kursachsen dagegen besaßen die Stände das Recht der Steuerbewilligung und die Steuerkontrolle. 1570 wurde eine ständische Steuerkasse eingerichtet, und die Steuerräte wurden von der Landschaft gewählt. Gegen Ende des Dreißigjährigen Krieges versuchte der

3. Der landsässige Adel

Kurfürst, Kontributionen zu erheben und auch die Ritter unter Umgehung adliger Privilegien zu einer regelmäßigen Abgabe zu zwingen. Doch die Ritter lehnten mit Erfolg beide Vorhaben ab. Sie verweigerten auch die Errichtung eines stehenden Heeres und erlangten sogar das Selbstversammlungsrecht. Nach der Mitte des 17. Jahrhunderts erreichte die Macht der Stände ihren Höhepunkt. Dabei wurden sie vom Ritteradel dominiert, denn die Grafen und Herren hatten sich weitgehend vom Landtag zurückgezogen.

August der Starke, der den Absolutismus in Kursachsen weiterentwickeln wollte, ging gegenüber dem Adel differenziert vor. So zog er die sächsischen Sekundogeniturfürstentümer von Merseburg, Weißenfels und Zeitz verstärkt zum Unterhalt des Militärs heran. Weiterhin holte er zahlreiche ausländische Adlige an den Hof und übertrug ihnen hohe Regierungsämter, um so vom einheimischen Adel unabhängiger zu werden. 1704 richtete er das Geheime Kabinett ein und machte es als oberste Behörde unabhängig vom Adel. Zwischen den Ausländern und dem einheimischen Adel ergaben sich bald heftige Konkurrenzkämpfe, doch es entstanden auch Familienverbindungen. *August der Starke*

Der Übertritt Augusts zum Katholizismus erfolgte ohne vorherige Absprache mit den Ständen und dem Adel. Auch die Ernennung des Fürsten Anton Egon von Fürstenberg, eines Katholiken aus Schwaben, zum Statthalter in Kursachsen wurde vom einheimischen evangelischen Adel als Provokation aufgefaßt. Zudem stand Fürstenberg als Reichsfürst standesmäßig über dem sächsischen Adel.

Dieser kursächsische Adel hatte sich schon vor August dem Starken ständisch streng abgeschlossen und kaum noch Nobilitierte aufgenommen, während in Thüringen viele Neugeadelte nach dem Erwerb von Rittergütern in die Landstandschaft aufrückten. Die Masse des Landadels – um die Mitte des 18. Jahrhunderts bestanden etwa 800 Rittergüter in Kursachsen – gehörte dem Niederadel an. Die Rittergüter haben im 18. Jahrhundert sehr häufig die Besitzer gewechselt, vor allem infolge der hohen Verschuldung der Adelsgüter im Verlauf des Siebenjährigen Krieges. Käufer waren jetzt sehr häufig Nobilitierte oder reiche bürgerliche Bankiers oder Manufakturisten. Zwischen dem Rittergutsadel und dem Hofadel gab es zwar auch einige familiäre Beziehungen, doch die politische Stellung bei den Adelsgruppen war grundsätzlich verschieden. *Hofadel und Rittergutsadel*

Selbst unter August dem Starken blieb das absolutistische Regiment nur relativ. Denn der Adel war vor allem ökonomisch sehr stark infolge der vielfältigen Möglichkeiten einer leistungsfähigen Landwirtschaft und eines bereits entwickelten Gewerbes. Der Handel mit agrarischen Produkten und der Besitz von Manufakturen machten aus dem Adel einen wichtigen wirtschaftlichen und gesellschaftlichen Faktor. Dieser reiche alte Adel verweigerte mit Erfolg den Neuadligen und den bürgerlichen Rittergutsbesitzern den Eintritt in die Ständeversammlung durch den geforderten Nachweis von 4 bzw. 8 adligen Ahnen. August der Starke konnte zwar die Macht der Stände nicht beseitigen, doch er spaltete die Adelsopposition.

3.4 In Bayern

Der bayerische Adel gliederte sich um 1500 in drei Gruppen: 1. die Oberschicht der alten Hochfreien mit den Grafen und Freiherrn, die vom Kaiser privilegiert waren; 2. den höheren Adel der Herren; 3. den niederen Adel der Ritter. Der höhere Adel schloß sich als sog. „Turnieradel" gegenüber dem Kleinadel und dem ritterbürtigen Stadtpatriziat ab, was jedoch dazu führte, daß er zahlenmäßig stark zurückging. Von den 140 Familien höheren Adels existierten 1503 noch 75, 1550 noch 57, 1652 noch 31 Familien und 1806 nur noch 18.

Angesichts dieses Rückgangs des höheren Adels nahm die Bedeutung des niederen Adels in Gesellschaft und Staat ständig zu. Dabei verstand es der Niederadel, der um 1500 rund 250 Familien umfaßte, sich den wirtschaftlichen und politischen Veränderungen besser anzupassen, so daß er zu Vermögen und zu Ämtern im Staatsdienst kam. Neben die verbeamteten Adligen traten bald die geadelten bürgerlichen Beamten, die entweder auf Lebenszeit oder sogar erblich nobilitiert worden waren. So entstand ein relativ einheitlicher Staatsdieneradel.

Edelmannsfreiheit   Seit dem 60. Freiheitsbrief von 1557 wurde jedoch deutlich zwischen altem und neuem Adel unterschieden, und zwar in edelmannsfreie Adlige und Adlige ohne Edelmannsfreiheit. Die Edelmannsfreiheit bedeutete die Landstandschaft und die Niedergerichtsbarkeit in geschlossenen Hofmarken und auch auf Gütern, die außerhalb der Hofmark lagen. Die zum bayerischen Ritterstand gehörigen alten edelmannsfreien Familien besaßen also ein gesteigertes Adelsrecht gegenüber dem neuen Adel.

Obwohl das Recht der Standeserhebung Majestätsrecht oder später Reservatrecht des Kaisers war, erfolgten in Bayern seit dem frühen 17. Jahrhundert Nobilitierungen durch die Landesfürsten, ohne daß ihnen dieses Recht ausdrücklich zugestanden worden war. Die Wittelsbacher beriefen sich auf ihre ins Mittelalter zurückreichende Würde als „Pfalzgrafen bei Rhein" und leiteten hiervon das Recht ab, Nobilitierungen vornehmen zu können. Hinter den Nobilitierungen stand unverkennbar die Absicht der Wittelsbacher, das eigene Ansehen und Prestige zu mehren. Dies zeigt sich nicht zuletzt darin, daß ausländischen Adligen und auch vom Kaiser in den Adelsstand erhobenen Personen das Adelsdiplom vom bayerischen Landesherrn bestätigt wurde.

<small>Nobilitierungen durch die Landesfürsten</small>

Selbst Erhebungen in den Grafenstand waren im 17. Jahrhundert nicht selten. Kurfürst Maximilian vergab den Grafentitel achtmal, Ferdinand Maria siebenmal, und unter Max Emanuel wurden 16 bayerische Grafentitel durch den Kaiser anerkannt. In den Freiherrenstand wurden durch Maximilian 36 Familien erhoben, davon aber nur 21 bayerischer Herkunft. Die meisten Titel vergab Maximilian, als er 1623 die Kurwürde erhielt. Unter Ferdinand Maria kamen 24 Familien in den Freiherrnstand, davon 15 aus Bayern. Ausgezeichnet wurden von ihm vor allem Italiener, die im Gefolge seiner Gattin Henriette Adelheid von Savoyen an den Hof gekommen waren. Diese adligen Ausländer sollten vor allem das Ansehen Bayerns im Ausland mehren.

Einen förmlichen „Adelsschub" gab es stets, wenn ein Wittelsbacher das Reichsvikariat ausübte. Dabei erstreckten sich die Nobilitierungen nicht immer auf das ganze Geschlecht, sondern oft nur auf die Person. Sie ergänzten den „Personaladel", den es in Bayern schon seit dem 16. Jahrhundert gab und der hauptsächlich an verdiente Beamte, Militärs oder gar Kleinbürger verliehen wurde.

Der Dreißigjährige Krieg brachte einen tiefen Einschnitt in die wirtschaftliche und gesellschaftliche Entwicklung des bayerischen Adels. Viele Adelsfamilien verarmten. Gewinner war der sog. neue Adel von im Krieg reich gewordenen Offizieren und Beamten, die nun freigewordene Güter und Hofmarken mit eigener Niedergerichtsbarkeit und Polizeihoheit übernahmen und vom Fürsten geadelt wurden.

Die Veränderungen und die hohe Mobilität im bayerischen Adel schlagen sich in folgenden Zahlen nieder. Zu Beginn des 17. Jahrhunderts lebten in Bayern 375 Adelsgeschlechter. Zwischen 1600 und 1679 wurden 82 Familien in Bayern nobilitiert, viele davon von den Wittelsbachern, und außerdem kamen 77 ausländische Geschlechter nach München. Allerdings waren im gleichen Zeitraum nicht weniger als 102 Geschlechter ausgestorben oder verarmt. Von den verbliebenen adligen Familien aber waren nun fast die Hälfte fremder oder neuer Adel, so daß die Klagen der alten edelmannsfreien Familien auf dem Landtag von 1669 über die „Eindringlinge" und über die vielen Nobilitierten berechtigt waren. Zum Schutz des alten, edelmannsfreien Adels verbot der Kurfürst 1672 die Veräußerung adliger Hofmarken an Nichtedelmannsfreie. Gleichzeitig gestattete er den Erbverzicht der Töchter in edelmannsfreien Familien und förderte die Errichtung von Fideikommissen.

Dieser alte bayerische Adel besaß außer den politischen Vorrechten bereits eine ganze Reihe von persönlichen Privilegien. Neben der Edelmannsfreiheit auf seinen Eigengütern war es vor allem die weitgehende Bevorzugung bei der Besetzung von Staats- und Hofämtern. So hatte die Landesfreiheit von 1508 festgesetzt, daß in Bayern die Ämter des Viztums, Hofmeisters, Marschalls, Kammer-, Küchen- und Jägermeisters sowie die wichtigeren Pflegämter dem einheimischen Adel vorbehalten seien, also alle höheren Ämter in der Landesverwaltung, ausgenommen das Rentmeisteramt. Dafür mußte der Adel nun seine Söhne studieren lassen. Noch zu Beginn des 17. Jahrhunderts zeigte der landsässige Adel nur wenig Interesse an den Staatsämtern, nicht zuletzt wegen der geringen Bezahlung. Dies änderte sich jedoch während des Krieges und nach dem Großen Krieg, als die Einnahmen aus den Grundherrschaften deutlich zurückgegangen waren. Jetzt reklamierte der alte Adel seine verbrieften Rechte auf die höheren Staatsämter. Rund zwei Drittel der landsässigen Familien traten nun in den Staatsdienst und hier in Konkurrenz mit den neuen adligen Familien. Denn der meist arme neue Adel, der nur über geringen oder gar keinen Grundbesitz verfügte, mußte aus existentiellen Gründen den Staats- oder Hofdienst suchen, während die wenigen reich gebliebenen alten Familien vom „fürstlichen Versorgungsmonopol" unabhängig blieben. In der zweiten Hälfte des 16. Jahrhunderts waren nur 57% der Pfleger adlig gewesen, während des 17. Jahrhunderts aber waren es 72%, von denen viele jedoch kein Landsassengut besaßen, sondern allein vom Staatsdienst lebten. Dagegen spielte der Militärdienst beim bayerischen Adel nur eine geringe Rolle, während die Kirche zur Versorgung durchaus von Bedeutung war.

Auch der landsässige Adel in Bayern trug nur einen geringen Teil der öffentlichen Last: von der Landsteuer war er ganz befreit, und von der Ständesteuer zahlte er nur ein Zehntel, obwohl ihm am

Adel im Staatsdienst

Ende des 18. Jahrhunderts etwa ein Drittel des Bodens und der bäuerlichen Anwesen gehörten.

Die landständische Verfassung war in Bayern wie auch in anderen Territorien zu Beginn des 16. Jahrhunderts vollständig ausgebildet. In den drei Kurien dominierte der Adel, der in den verschiedenen Ausschüssen stets die Hälfte der Sitze besetzte. Seine politisch bestimmende Stellung vom Anfang des 16. Jahrhunderts verlor er jedoch nach der „Adelsfronde" von 1563. Doch nahm er weiterhin das Steuerbewilligungsrecht, die Steuererhebung und Steuerverwaltung in Anspruch. 1669 wurde der letzte Landtag einberufen. Seitdem überwachte die „Landschaftsverordnung", die zu einer ständigen Einrichtung wurde, die Einhaltung der ständischen Freiheiten. Auch in der Landschaftsverordnung besetzte der Adel die Hälfte der Plätze.

_{Adel in den Landständen}

In der Oberpfalz gab es im 16. Jahrhundert ebenfalls eine intensive ständische Entwicklung, wobei auf den Landtagen der landsässige Adel dominierte. Als 1623 die Oberpfalz an Kurbayern fiel, mußten die meisten der 200 protestantischen adligen Familien das Land verlassen. Ihre Güter übernahmen überwiegend bayerische Offiziere und Beamte, die von Kurfürst Maximilian sogleich geadelt wurden. Die Landschaft als Korporation ließ Kurfürst Maximilian in schroffer Form eingehen.

3.5 Am Niederrhein und in Westfalen

Dieser Raum, der geographisch nicht eindeutig zu umreißen ist, entspricht in etwa dem heutigen Land Nordrhein-Westfalen. Er erstreckte sich innerhalb der Grenzen des Niederrheinisch-westfälischen Reichskreises unter Einschluß der zum Kurrheinischen Reichskreis zählenden kurkölnischen Territorien und auch der Gebiete des 1653 gegründeten Niedersächsisch-westfälischen Reichsgrafenkollegiums. Hier im niederrheinisch-westfälischen Raum gab es keinen reichsunmittelbaren niederen Adel, wie auch nicht in Niedersachsen. Es gab neben den zu den Reichsständen zählenden Reichsgrafenfamilien nur landsässigen bzw. mediaten Adel. Einige wenige Familien, wie die Freiherren von Fürstenberg, bildeten nur die Ausnahme von der Regel. Die Fürstenberg erwarben zwar 1660 den erblichen Reichsfreiherrenstand, konnten aber keine landesherrlichen Rechte erlangen. So blieben sie, trotz Reichsfreiherrenwürde, eine landsässige Familie, wenn auch die erste im ganzen kölnischen Westfalen.

Auf die Reichsgrafen folgte der landsässige Adel unterschiedlicher Konfession, der das Kriterium der Landtagsfähigkeit erfüllte. Denn in fast allen Territorien dieses Raumes gab es funktionierende Landtage oder andere landständische Institutionen. Als soziale Spitzengruppe ragte unter diesem landsässigen Adel der katholische Stiftsadel hervor, der die Domkapitel von Münster, Paderborn, Osnabrück und Hildesheim exklusiv besetzte. Die gleichen privilegierten Familien, die aufgrund von Ahnenproben die Domherrenstellen besetzten, waren als Inhaber von Adelssitzen auch Mitglieder der Landstände und der Ritterkurie auf den Landtagen und hatten zudem am Ämtersystem Anteil, so daß sie auf diesem Wege auch entscheidenden Einfluß auf die Politik der Stifter nahmen. Für Münster, das größte geistliche Territorium im Alten Reich, aber auch für Paderborn gilt, daß der katholische Stiftsadel bis zum Ende der Reichsverfassung unangefochten der Herrschaftsstand war.

Katholischer Stiftsadel

Unterhalb dieses Stiftsadels rangierte der sonstige sehr heterogene Adel, zu dem auch Nobilitierte, Ausländer und adlige Offiziere oder Beamte, insbesondere in den preußischen Territorien, zählten, die nicht durch Besitz in einem dieser Territorien verankert waren.

Im welfischen Hannover, das durch die englische Sukzession 1713 zu einem Nebenland geworden war, wurde die Regierung ausschließlich mit Einheimischen besetzt, und zwar aus einer kleinen Gruppe von adligen Familien oder aus einer „dominierenden Adelskaste". Die Landesregierung und oberste Landesverwaltung lag exklusiv in den Händen der gleichen Adelsfamilien, die zudem auch auf den Landtagen oder in den ständischen Ausschüssen bestimmend waren und die Ausbildung eines monarchischen Absolutismus verhinderten. Spezifisches Kennzeichen dieser regierenden Aristokratie war ihre kastenartige Abgeschlossenheit. So blieb der Vorzug des alten Adels streng gewahrt. Er brachte die Mitwirkung an der Landesverwaltung und den Besitz der wichtigsten Ämter, die ihrerseits wiederum für angemessene Einkünfte und hohes Ansehen bürgten.

„Adelskaste" in Hannover

Der Raum zwischen Weser und Rhein war, was oft übersehen wird, ein Schwerpunkt geistlicher Macht, durchaus vergleichbar der „Pfaffengasse" an Main und Rhein. Doch im Gegensatz zu den süddeutschen Hochstiftern, wo die Landstände von den Domkapiteln aufgesogen worden waren, konnten sich in den geschlosseneren geistlichen Territorien am Niederrhein und in Westfalen landständische Verfassungen erhalten, die auch funktionsfähig geblieben sind.

In der Regel gab es drei Landstände: Domkapitel, Ritterschaft und Städte; und im Kölner Erzstift gab es sogar vier Stände, weil sich hier der Adel in Grafen und Ritter aufteilte. In den geistlichen Wahlterritorien konnte sich noch weniger ein landesfürstlicher Absolutismus durchsetzen.

Die zahlreichen Domkapitelstellen waren ausschließlich dem Adel vorbehalten, in Münster und Paderborn exklusiv dem Stiftsadel. Dabei wurde durch die zunehmende Verschärfung der Ahnenprobe die Zahl der Anwärter stark eingeschränkt, ebenso beim Recht auf Landstandschaft. Schließlich mußten, wie bei den 16 Kölner Domgrafen, auch von den Kandidaten für die Landstandschaft der Nachweis von 16 adligen Ahnen erbracht werden. Gegen den erbitterten Widerstand der alten Familien suchte zwar der Kaiser im 18. Jahrhundert die Adelsprobe in Köln und Münster zu mildern, um auch neuen Familien die Aufnahme in den Kapiteln oder auf den Landtagen zu eröffnen, doch ohne Erfolg. Gleichermaßen erfolglos blieb aber auch der Versuch der landsässigen Ritter in Nordwestdeutschland, in das der Reichsritterschaft vorbehaltene Hochstift Mainz einzudringen. Der landsässige Adel in Nordwestdeutschland und die Reichsritterschaft in Süddeutschland blieben in ihren ständisch-politischen Einflußbereichen bis zum Ende des Alten Reiches streng getrennt.

4. Die „standesgemäße Nahrung"

Am 11. Mai 1702 errichtete der relativ reiche Reichsfreiherr Craft von Crailsheim eine Stiftung in Höhe von 30 000 fl für die Ausbildung vermögensloser Familienangehöriger, die ihnen verhelfen sollte, „wozu sie tüchtig sind, ob man sie zum Studieren befördern oder nach Hof bringen oder zu etwas sonsten Rittermäßigem in so lange anhalten könne, biß sie die Jahre, Capacität und Größe erlangen, selber entweder auf Universitäten zu schicken oder in fremde Länder reisen zu lassen oder in Krieg zu ziehen".

Neben der Verwaltung des ererbten väterlichen Gutes und der Tätigkeit in der Landwirtschaft galten also entsprechend der Stiftung des fränkischen Reichsritters nur der Hofdienst und die höhere Verwaltungslaufbahn sowie das Militärwesen als standesgemäß. Eine weitere Möglichkeit schied aus der Vorstellungswelt des protestantischen Reichsritters aus: die Versorgung durch eine Karriere in der Kirche.

4.1 Landwirtschaft

Will man Aussagen über die Einkünfte adliger Grundherrschaften, Gutswirtschaften oder Gutsherrschaften treffen, so ist dies aufgrund der Forschungslage nur bedingt möglich. Außerdem waren die Betriebsstrukturen und Einkünfte von Region zu Region und sogar von Gut zu Gut sehr verschieden, so daß generalisierende Aussagen nicht möglich sind.

Grundsätzlich kann jedoch festgehalten werden, daß – territorial unterschiedlich – weite Teile des ländlichen Grundbesitzes in Adelshänden waren, im Osten mehr noch als im altbesiedelten Westen. So betrug in der Kurmark der adlige Anteil 40–50%, in Pommern und Schlesien 60–70%, in Ostpreußen rund 30%, dagegen aber in Österreich nur 18,8% und in Braunschweig gar nur 7,9% des Bauernlandes. Das Bauernlegen sowie die Erhöhung der Fronverpflichtungen und die Ausweitung der Herrschaftsrechte in Ostelbien seit dem 16. Jahrhundert spielten dabei die wichtigste Rolle. In Sachsen dagegen gingen nur 3% des Landes an den Adel verloren.

Regional, ja örtlich unterschiedlich war auch das Verhältnis von Naturaleinkünften und Geldeinnahmen. Während die Naturaleinkünfte abhängig von exogenen Vorgängen waren, blieben die geldlich fixierten bäuerlichen Erbzinsen nahezu konstant, unterlagen aber der vorherrschenden Inflation. Dies bedeutete, daß die Renteneinkommen des Adels nominal stagnierten, während die Preise stiegen. Auf verschiedenen Wegen suchten die adligen Grundherren ihr Feudaleinkommen an die veränderte Situation anzupassen. Einige führten neue Gebühren und Abgaben ein, was aber stets den Widerstand der Hintersassen hervorrief. Andere versuchten sich mit Spekulationsgeschäften, wobei sie die Preisbewegungen auf den städtischen Märkten genau beobachteten. In Mittel- und Ostdeutschland ging man zur Ausweitung der Eigenwirtschaft über, indem man die Arbeitsverpflichtungen der Bauern ausnutzte. So konnten in den Gutswirtschaften in Ostelbien beträchtliche Überschüsse und somit bei den Preissteigerungen des 16. und 18. Jahrhunderts hohe Gewinne erzielt werden. Dagegen spielte in Niederösterreich die Gutswirtschaft mit vorherrschendem Getreideanbau nur eine geringe Rolle. Hier kam jedoch der Ausübung von Zwangsrechten, wie Mühlenbann, Braubann oder Branntweinschank, eine wichtige Rolle für die adligen Einkommen zu.

So verlegte sich der Adel im nordwesteuropäischen Küstengebiet auf die Mast von Schlachtvieh und bezog hieraus Jahr für Jahr

4. Die „standesgemäße Nahrung" 39

beträchtlichen Gewinn. Bald aber wechselte man auf den Gutswirtschaften auf Veredelungsprodukte, und im 18. Jahrhundert schließlich trat auf den schleswig-holsteinischen Gütern an die Stelle der Ochsenmast die Milchwirtschaft mit der Produktion von Butter und Käse in großem Stil.

Im Südwesten des Reiches sowie in Thüringen, Franken und auch im Waldviertel suchte der Adel durch die Ausweitung der Schafhaltung an der Hochkonjunktur der heimischen Tuchindustrie seit etwa 1500 zu partizipieren. Allerdings nahm man hierfür weniger den eigenen Grundbesitz in Anspruch, vielmehr belegte man die Allmenden. Auch in den Adelsherrschaften der Lausitz, besonders in den dürftigeren Gegenden, spielten die Schäfereien eine zunehmende Rolle, da sie bei verhältnismäßig geringen Anschaffungs- und Haltungskosten die höchste Rendite versprachen, die aus einem landwirtschaftlichen Erwerbszweig zu erzielen war. In manchen Adelsherrschaften erreichten schließlich die Einnahmen aus der Schafhaltung bis zu 10% der Gesamtjahreseinkünfte. _{Schäfereien}

Eine noch größere Bedeutung kam in einigen Gebieten der Teichwirtschaft zu. In der niederlausitzschen Herrschaft Sorau machten um die Mitte des 16. Jahrhunderts die Erlöse aus den Fischverkäufen, vor allem von Karpfen und Hechten, 12% des herrschaftlichen Budgets aus, und in der Herrschaft Muskau stammten laut Rechnung von 1556/57 sogar 29% der Revenuen aus der Fischzucht. In Niederösterreich kam es seit dem ausgehenden 15. Jahrhundert zu einer sprunghaften Zunahme von Teichen, und um 1570 erreichte die Teichwirtschaft ihren Höhepunkt. Die Einnahmen aus der Teichwirtschaft betrugen in der Regel 10–15%, erreichten bei manchen Gütern aber bis zu 38% am Herrschaftseinkommen. Viele Teiche wurden jedoch im Dreißigjährigen Krieg zerstört, und der Wiederaufbau erfolgte erst mit großer Verspätung und dann nicht mehr in dem früheren Umfang. _{Teichwirtschaft}

Bedeutende Einnahmen flossen dem Adel durch die Nutzung seiner Wälder zu, durch den Verkauf von Nutz- und Brennholz, von Pech und Holzkohle und – sofern vorhanden – noch mehr von Erzen. Denn selbst für den standesbewußten Reichsadel waren die Gewinne aus Bergbau sowie aus den traditionellen landwirtschaftsnahen Nebenbetrieben oder gewerblichen Eigenbetrieben nichts Ehrenrühriges, also die Einnahmen aus den Ziegeleien, Steinbrüchen, Brennereien und Brauereien, den Hammerwerken, Schmieden, Glashütten und den Mahl-, Säge-, Walk- und Papiermühlen sowie später aus den chemischen Werken zur Gewinnung _{Gewerbebetriebe}

von Salpeter, Pottasche, von Alaun, Vitriol oder Salmiak. Gerade die Reichsritterschaft suchte ihren vielfach unverantwortlich dicht peuplierten Dörfern durch die Ansiedlung oder Konzessionierung der verschiedensten Gewerbe die nötige Existenzgrundlage zu sichern.

Nach dem Prinzip der Dérogeance, dem Verlust der Standesehre, war dem Adel eine unternehmerische Betätigung nur in landwirtschaftsnahen Bereichen erlaubt. Es war also völlig standesgemäß, wenn Herzog Jakob von Kurland, der als „der größte Gutsbesitzer an der Ostsee" galt, einen florierenden Getreidehandel betrieb, wobei er seinen Fernhandel nach den Verbraucherzentren in Westeuropa sogar auf eigener Flotte abwickeln konnte, wie übrigens auch der Herzog in Mecklenburg und Herzog Albrecht von Preußen. Dabei exportierte der Adel das Getreide von seinen Eigenwirtschaften und auch das Getreide seiner abhängigen Bauern. Getreideschiffe des deutschen Adels in Osteuropa fuhren sogar in den getreidearmen mediterranen Raum, und viele Adlige, wie etwa die Familie Rantzau, unterhielten in Antwerpen, dem größten Getreidemarkt Europas, eigene Faktoreien. Insbesondere die schleswig-holsteinische Ritterschaft betätigte sich im internationalen Landwarenhandel.

<small>Großhandel mit Getreide und Vieh</small>

Gewinnreich waren auch die hohen Aktivitäten des Adels seit dem 15. Jahrhundert im Viehhandel, vor allem in Schleswig-Holstein und in Dänemark sowie in Osteuropa. Der Ochsenhandel wurde sogar als die „Goldader des Adels" bezeichnet, und diese Behauptung erweist sich nicht als übertrieben, wenn man bedenkt, daß durchschnittlich 40000–50000 Ochsen aus Schleswig und Dänemark jährlich auf dem Landwege transportiert worden sind.

Bekannt sind auch für das 18. Jahrhundert die schlesische „Magnatenindustrie", der Anteil des westfälischen Adels an der Erschließung des Ruhrgebietes und des Adels am Bergbau und der Montanindustrie in Böhmen. Als aber Graf Karl Maltzan in Schlesien nach dem Siebenjährigen Krieg die Baumwollfirma „Maltzan, Feistel und Toskana" gründete, war dies so anstößig, daß er die staatliche Konzession nicht erwirken konnte, trotz bester Beziehungen zum Hof. Um den Verdacht des „Einbruchs in die bürgerliche Nahrung" zu umgehen, wurde deshalb meist ein Unternehmer aus dem Dritten Stand als Geschäftsführer oder Oberfaktor vorgeschoben, während sich der adlige Fabrikgründer oder Finanzier der Manufaktur im Hintergrund hielt, oftmals nur das Kapital anonym zur Verfügung stellte.

Anders dagegen im Österreich des 18. Jahrhunderts, wo der
Adel förmlich von der Krone aufgefordert wurde, sich wirtschaftlich zu betätigen, und der Kaiser selbst voranging, so daß Franz Ste- Adlige
phan von Lothringen sogar als „größter Fabrikherr in Europa" von Unternehmer
Friedrich dem Großen verspottet wurde. Tatsächlich gingen wichtige Impulse für die Entwicklung unternehmerischer Gesinnung
vom Herrscherhaus und von der Hocharistokratie in Böhmen aus.
Daß die Stellung des adligen Unternehmers durchaus lohnend sein
konnte, zeigt der von den Schwarzenberg 1660 in Betrieb genom-
mene Turracher Eisenbergbau im oberen Murtal in der Steiermark.
Er lieferte im 18. Jahrhundert einen jährlichen Reingewinn von
30000–50000 fl.

4.2 Staatsverwaltung

Zwischen 1550 und 1630 wurden in den meisten Territorien die Geheimratskollegien als oberste Zentralbehörde eingerichtet und in
der Regel kollegial besetzt, wobei anfangs die bürgerlichen Gelehrten überwogen, doch gegen Ende des Jahrhunderts erfolgte die Besetzung bereits paritätisch. Der Adel setzte sich also gegen die Konkurrenz der gelehrten Bürger durch und behauptete sich im absolutistischen Fürstenstaat. So zeigt die ständische Zusammensetzung in
Baden-Durlach, Ansbach, Bayreuth, Hessen-Darmstadt und Würt- Adlige
temberg folgendes Bild: Von den insgesamt 147 Geheimräten dieser Geheimräte
fünf Territorien im Zeitraum von 1660 bis 1720 waren 39% uradliger
und 61% bürgerlicher Herkunft, wobei von letzteren allerdings mehr
als die Hälfte im Laufe ihrer Karriere in den Briefadel erhoben wurden. In Thüringen herrschte etwa das gleiche Verhältnis wie in den
süddeutschen Fürstentümern. Im Kurfürstentum Brandenburg dagegen betrug das Verhältnis von adligen zu bürgerlichen Räten in
der ersten Hälfte des 17. Jahrhunderts 6:3. Es verschob sich unter
dem Großen Kurfürsten eindeutig zugunsten des Adels und erreichte unter dem ersten König sogar ein Verhältnis 35:1. Insgesamt waren in Berlin zwischen 1604 und 1740 ⅚ aller Geheimen
Räte adligen Standes. Erst in der 2. Hälfte des 18. Jahrhunderts veränderte sich das Verhältnis im preußischen Geheimen Rat zugunsten des Bürgertums, denn der Adel zog sich aus einem gewissen
Standesdünkel aus der Staatsverwaltung zurück und wandte sich
nach den kriegerischen Erfolgen Friedrichs des Großen einseitig
dem Militärwesen zu. Unter Friedrich Wilhelm II. schließlich waren
von 65 Räten nur noch vier aus dem brandenburgischen Uradel.

Ausbildung   Wie Veit Ludwig von Seckendorff in seinem „Teutschen Fürstenstaat" ausführt, war auch für die Angehörigen des Adels, welche die höhere Verwaltungslaufbahn einschlagen oder in den diplomatischen Dienst bei einem Fürsten eintreten wollten, eine akademische Ausbildung obligatorisch, ebenso die Kavalierstour. Gleichermaßen wurde auch von den Adligen, die Assessoren am Reichskammergericht werden wollten, eine Proberelation verlangt wie von den bürgerlichen Kandidaten. Nicht zuletzt aus diesen Gründen wurden in fast allen Territorien eigene Ritterakademien gegründet, wie auch die Zahl der adligen Studenten an den Universitäten seit dem 16. Jahrhundert stetig zunahm.

Nur für die sog. „Herrenstandspersonen", also für Mitglieder des Hochadels, galt bei ihrem Eintritt in den Verwaltungsdienst eines Reichsfürsten die Laufbahnregelung nicht. Bei Angehörigen des *Laufbahn* Niederadels aber, ganz gleich ob reichsritterschaftlicher oder landsässiger Herkunft, begann in der Regel die Karriere mit einem Hofamt, meist als Kammerjunker. Nur wer sich hier bewährte, konnte nach einigen Jahren in die Verwaltungslaufbahn überwechseln. Diese führte dann über das Hofratsamt, das durchschnittlich zehn Jahre dauerte, zum Geheimen Rat, der mit ca. 42 Jahren erreicht wurde.

Wegen der Übernahme lehensrechtlicher Vorstellungen in das Beamtenverhältnis war die Besoldung zwischen adligen und bürgerlichen Beamten gleichen Ranges verschieden, wie auch die Entschädigungen für Kostgelder oder die Naturalienzuwendungen ungleich waren, je nach dem ständischen Rang des Empfängers. Aber nicht nur zwischen Adligen und Bürgerlichen, selbst innerhalb der adligen Spitzenbeamten gab es beträchtliche Unterschiede in der Besoldung. In der Regel erhielten in den süddeutschen Territorien im *Unterschiedliche* 18. Jahrhundert der Geheimratspräsident an barem Geld jährlich et-
Besoldung was über 2000 fl, die adligen Räte fast 1800 fl und die bürgerlichen rund 1100 fl; die adligen Oberräte bezogen 600 fl und die bürgerlichen nur ganze 200 fl plus Naturalien, wobei allerdings bedacht werden muß, daß für eine fünfköpfige Familie 180–190 fl als Existenzminimum angesetzt wurden. Diese Zahlen zeigen, daß es nicht möglich war, im Verwaltungsdienst Reichtümer zu erwerben, außer man erhielt für besondere Verdienste oder Erfolge zusätzlich reiche Präsente oder landesfürstliche Gnadenerweise.

4.3 Militär

Beliebter als der Dienst in der Landesverwaltung oder Diplomatie war offenkundig unter den standesbewußten Adelssöhnen, die aus wirtschaftlichen Gründen sich einen standesgemäßen Broterwerb im Fürstendienst suchen mußten, der Militärdienst. Denn die Rolle des Kriegers, besonders des militärischen Führers, war wohl die wichtigste soziale Funktion des Adels, und zwar seitdem es Adel gab.

Auch wenn die Streitmacht des Reiches oder eines Fürsten nicht mehr mit dem Lehenswesen begründet wurde, so wurde an dem Lehensaufgebot grundsätzlich noch festgehalten, und zwar bis weit in das 16. Jahrhundert hinein. Doch die im Spätmittelalter einsetzenden Veränderungen im Heerwesen und in der Waffentechnik mit den Feuerwaffen und der Artillerie brachten den neuen adligen Typus des „Söldnerführers" sowie des „militärischen Großunternehmers" oder „Militärkaufmanns" hervor, dessen bekanntestes Beispiel wohl Wallenstein ist. Der adlige Offizier leistete jetzt nicht nur Kriegsdienst, sondern seine Kompanie, meist aufgestellt unter vollem Einsatz des eigenen Vermögens oder geliehenen Geldes, war jetzt zugleich auch ein Wirtschaftsunternehmen oder Geschäft, das selbstverständlich auf Profit angelegt war. Die Kapitäne waren nachgeordnete kleinere Unternehmer. Deshalb scheute man sich auch nicht, mit der Kompanie je nach Bezahlung und Gewinnaussicht ständig die Seiten zu wechseln. *(Militärkaufmann)*

Diese Form des Kriegswesens änderte sich jedoch mit der Einführung des „miles perpetuus". Mit dem modernen stehenden Heer bildete sich der Berufsoffizier als neuer Typ heraus, der nur Verwalter eines Amtes war, während die ökonomische Seite der Kompaniewirtschaft weitgehend ausgeschaltet wurde. Vor allem in Brandenburg-Preußen, wo der entmachtete landsässige Adel im Offiziersstand einen Ersatz für den Verlust seiner politischen Selbständigkeit und eine neue Existenzgrundlage finden sollte, erwuchs aus dem früheren wirtschaftenden Söldnerführer der militärische Untertan. Vor allem der „Soldatenkönig" schuf, teilweise unter Zwang, ein adliges Offizierskorps mit einem ausgeprägten Standesbewußtsein und eigener Ehrauffassung. Adel und preußischer Offiziersstand wurden nun fast identisch. Militärische Führung war schließlich eine Ehrenstellung und Standespflicht, auf die der preußische Adel einen förmlichen Anspruch erhob. Je mehr aber das Ansehen des Offiziers wuchs, um so mehr Adlige drängten in den Offiziersstand oder Militäradel. Bis 1739 brachte Friedrich Wilhelm I. das *(Adliges Offizierskorps in Preußen)*

Offizierskorps auf 3116 Köpfe, bis zum Ende Friedrichs II. 1786 wuchs es auf 5511 Mitglieder an, und 1806 zählte das Korps fast 8000 Offiziere, die zu mehr als 90% aus dem Adel stammten. Den Bürgerlichen blieben die Artillerie und die Pioniere, die als standesunwürdig erachtet wurden.

Das Avancement im Heer war sehr langsam, und viele junge Offiziere mußten Kredite aufnehmen oder Schulden machen, um standesgemäß leben zu können. Erst wenn der Offizier eine Kompanie erhielt, konnte er mit einträglichen Einnahmen rechnen. Erfolgreiche Offiziere in höherem Alter und bei höheren Chargen konnten durchaus Vermögen erwerben, nicht zuletzt aufgrund der Einsparungen aus der Kompaniewirtschaft.

Die für Preußen typische Verbindung von einheimischem Adel und Offizierskorps war jedoch keineswegs symptomatisch für die allgemeine Einstellung des Adels zum Militärwesen in der Frühen Neuzeit. So zeigte etwa der bayerische Adel keine besondere Neigung zum Militärdienst, und oftmals wurden nur die „verlorenen Söhne" beim Militär untergebracht. Die Reichsritter traten gerne in den Dienst der Kreistruppen, deren Offizierskorps weniger elitär und exklusiv zusammengesetzt waren; die höheren Chargen allerdings waren auch hier dem Adel vorbehalten. Im kaiserlichen Heer dagegen stammten die Offiziere aus allen europäischen Ländern. Von den 157 Feldmarschällen im 18. Jahrhundert waren zwar alle vom Adel, doch aus den österreichischen Erblanden stammten nur 16. Dagegen kamen 77 Feldmarschälle aus Deutschland, und hier wiederum stammten 32 aus reichsfürstlichen Häusern und 9 aus dem Grafenstand. Aus Ungarn kamen 14 Feldmarschälle und aus Böhmen 5. Nicht weniger als 14 Feldmarschälle waren Romanen, meist Spanier und Neapolitaner, und 6 Feldmarschälle waren Schotten, Iren oder Waliser. Im Zeitalter des Absolutismus boten also Preußen und Österreich zwei verschiedene Möglichkeiten für das Verhältnis von Adel und Heerwesen.

Internationales Offizierskorps in Österreich

4.4 Kirchliche Pfründen

5000 fl betrug das Jahreseinkommen eines kaiserlichen General-Feldmarschall-Leutnants. Der Bischof von Fulda dagegen bezog Einnahmen von 350000 fl, und das Hochstift Würzburg warf schätzungsweise gar 500000 Taler ab.

Die Kirche, seit dem Mittelalter eine Domäne des Adels, bot mit ihren reichen Pfründen und Sinekuren ohne Zweifel die beste

4. Die „standesgemäße Nahrung" 45

Versorgung für die nachgeborenen Söhne und auch Töchter des Adels. Die Reformation allerdings brachte eine einschneidende Veränderung. Denn der Adel in Norddeutschland und teilweise auch in Süddeutschland trat zum Protestantismus über und verlor damit weitgehend die Versorgungsstellen der Kirche. Der katholisch verbliebene oder im Zuge der Gegenreformation wiederum konvertierte reichsfreie Adel an Rhein und Main aber besetzte weiterhin die reichen Domherrenpfründen und die wichtigsten Staatsstellen. Sie stellten die „Kirchenstaatsprinzen", und ihre weltlich verbliebenen Familienmitglieder hatten gewohnheitsmäßig Anspruch darauf, Geheime Räte des Fürstbischofs zu werden, alle Kollegien der Regierung zu leiten und in den Ratskollegien die adlige Bank zu bilden bzw. als Oberamtmänner ihre Versorgung zu finden. Daher konnte in den katholischen Territorien auch weniger „Adelsproletariat" entstehen als in vielen protestantischen Gebieten.

Die dem katholischen Adel vorbehaltenen lukrativen Stiftspfründen waren fest bestimmt. Ihre Zahl betrug in Mainz 24, Trier 16, Köln 24, Bamberg 20, Würzburg 24, Worms 13, Eichstätt und Speyer je 15, Straßburg 12, Freising 13, Regensburg 14, Salzburg 24, Konstanz 20, Hildesheim 42, Paderborn 24, Münster 41, Osnabrück 26, Passau 25, Augsburg 20, Basel 17, Brixen 19, Lüttich 60, Chur 24. *Anzahl der Stiftspfründen*

Im Hochstift Münster wurden zwischen 1700 und 1803 von 203 Söhnen des Stiftsadels 67 Domherren. Dem Domkapitel von Münster, das mit 41 Präbenden eines der beiden großen Domkapitel des Reiches war, gehörten im Laufe des 18. Jahrhunderts 71 Söhne dieser Adelsfamilien an. Manche Familien entsandten im Laufe des 18. Jahrhunderts mehr als fünf Söhne in das Domkapitel zu Münster, wie die Droste-Vischering 8, die Ketteler 7, die Galen und die Merveldt je 6. Hinzu kamen noch die Kumulierungen mehrerer Präbenden in den verschiedenen Kapiteln in und außerhalb Westfalens. Das Jahreseinkommen eines einfachen Domherrn ohne Dignitäten lag in Münster, ohne Einkünfte aus anderen Pfründen oder Ämtern, um 1800 bei 1214 Reichstalern jährlich, das eines Domdechanten bei 6560 Rtlr. und mehr. Dies war deutlich mehr als das Jahresgehalt der höchsten Beamten im Hochstift, der Geheimen Räte, die nur 2350 Rtlr. erhielten. Allerdings beschränkten sich diese reichen Domherrenpfründen exklusiv auf den Stiftsadel. *Einkommen und Erträge*

Dem protestantischen Reichsadel und landsässigen Adel standen nur einige wenige kirchliche Versorgungsstellen oder Präbenden offen. Zur standesgemäßen Versorgung der unverheiratet gebliebenen Töchter des evangelischen Adels wurden einige ehemalige Nonnenklöster als „Fräulein-Stifte" eingerichtet. Bei den reichsritterlichen Neugründungen von „Fräulein-Stiften" im 17. und 18. Jahrhundert wurde stets auf konfessionelle Parität bei der Besetzung geachtet. Allein der „Deutsche Orden", des katholischen Adels „Spital", zählte 1800 60 Ordensritter, davon 19 in der Ballei Franken, denen jährlich fast 1 Mill. fl an Einnahmen zur Verfügung standen.

Von 1500 bis 1803 wurden in der deutschen Reichskirche 421 Bischofsstühle besetzt. Beachtet man die Bistumskumulation, so hatte Deutschland 38 fürstliche, 42 reichsgräfliche, 123 reichsritterliche, 124 landsässig-adlige, 10 bürgerliche Bischöfe und 5 Ausländer. Unter den Bischöfen aus dem Hochadel nahm das Haus Wittelsbach einen besonderen Rang ein. Es stellte 9 Fürstbischöfe und konnte 33 Wahlen für sich entscheiden. 35% der Bischöfe kamen aus der Reichsritterschaft.

Erfolgreiche kirchliche Laufbahnen

Welche ausschlaggebende Bedeutung für eine niederadlige Familie das Eindringen in die kirchliche Laufbahn mit ihren reichen Pfründen hatte, soll an zwei besonders eindrucksvollen Beispielen aufgezeigt werden: Zu Beginn des 18. Jahrhunderts war Johann Franz von Stauffenberg Bischof von Konstanz und kurzzeitig auch von Augsburg geworden, und er versäumte nicht, rechtzeitig ein Testament zugunsten seiner Familie anzufertigen. Darin wurden für alle Neffen und Nichten reiche Legate ausgesetzt und schließlich die Hauptnachlaßmasse von rund 125 000 fl zu einem Familienfideikommiß zusammengefaßt. Mit dem Nachlaß dieses einen Kirchenfürsten war die Familie Stauffenberg wirtschaftlich saniert.

Die kleine landsässige Familie Roggenbach am Südrand des Schwarzwaldes geriet durch die Wirren des Dreißigjährigen Krieges in den totalen finanziellen Ruin; dabei waren zwölf Kinder vorhanden. Der älteste Sohn wurde Kapuziner und nach einigen Jahren Beichtvater des Deutschordensmeisters in Mergentheim. Wenige Jahre später war ein Bruder Roggenbach Landkomtur der Ballei Elsaß-Burgund, ein zweiter Bruder Landkomtur der Ballei Franken; ein dritter Sohn wurde Malteserkomtur und der vierte Bischof von Basel, der seinerseits zwei weitere Brüder an die Spitze der Administration seines Fürstbistums nachholte. Bis zum Ende des Alten Reiches sind noch zwölf Roggenbachs als Landhofpräsidenten des Fürstbistums Basel oder als Deutschordens- und Malteserritter nachzuweisen.

5. „Feudalstaat" und „Feudalgesellschaft"

Im deutschen Sprachgebiet taucht „Feudalismus" als neuer Begriff erst während der Französischen Revolution auf. Später wurde er von der Geschichtswissenschaft zu einem historischen Typen- und Periodisierungsbegriff entwickelt. In der neueren Alltagssprache nahm „feudal" die Bedeutung von „vornehm", „anspruchsvoll" oder „aufwendig" an. Als „feudal" werden Gruppen und Gesellschaften bezeichnet, die vom Adel bestimmt waren. *[Bedeutungswandel von Adel]*

„Feudalismus" und „feudal" gehen auf das mittelalterliche „feudum" zurück und bezeichnen den durch das Lehenswesen im fränkisch-abendländischen Raum strukturierten „Feudalstaat", der im späten Mittelalter durch den „Ständestaat" abgelöst wurde. Das Lehenssystem oder die „feudale" Ordnung basierten auf dem Prinzip der Ungleichheit, wie es in den mittelalterlichen Lehensrechten als „Lehenspyramide" festgeschrieben war. Unbestrittener Herrschaftsträger war der Adel. Auch im Territorialstaat und in der Gesellschaft der Frühen Neuzeit war der Adel die „feudale" Oberschicht und zeichnete sich durch ausgedehnte Grundherrschaften, politische Macht und adlige Lebensführung aus, die durch ständisch geprägte Vorstellungen von Treue, Ehre und Sitte bestimmt war. Die adlige Herrschaft über „Land und Leute" als politisches, wirtschaftliches und gesellschaftliches System war charakterisiert durch unterschiedliche dingliche und persönliche Abhängigkeiten und Bindungen. In den lokalen Gewalten bestand das Verhältnis des Adels zu den abhängigen und untergeordneten Bauern und Hintersassen aus einer Mischung von Herrschaft und Befehl, Schutz und patriarchalischer Fürsorge, Wahrung von Friede und Recht einerseits und Steuern, Abgaben, Arbeit, Dienste und Hilfe andererseits. Bereits durch Luther und dann vor allem in der sog. Hausväterliteratur nach dem Dreißigjährigen Krieg erfuhr die Adelsherrschaft eine gesteigerte Ideologisierung, in welcher der Adlige zum Hausvater einer großen Haushaltung wurde und für seine abhängigen Bauern und Hintersassen die volle Verantwortung trug.

In den größeren absolutistischen Territorien wurden die politischen, militärischen und staatsrechtlichen Privilegien des „Feudaladels" durch die monarchische Souveränität und die aufkommende Bürokratie mit einem nichtfeudalen Dienstadel zurückgedrängt, während die wirtschaftlichen und sozialen Rechte des alten Grundadels erhalten blieben, aber sich wandelten. So dauerte das wirt- *[Dienstadel]* schaftlich-soziale Feudalsystem noch lange an, auch wenn staatsrechtlich seine Daseinsbedingungen schon beseitigt waren. Denn vor und nach der Französischen Revolution wurden „Feudalismus" und die vom Staat abgehobene „Feudalgesellschaft" als Gegenpart zur modernen Gesellschaft gesehen und bemessen. Adliger Grundbesitz und privilegierter Stand sowie die Reste der feudalen Rechte in Politik, Wirtschaft und Gesellschaft wurden nun als widerrechtlich betrachtet und verworfen.

Feudalismus im System des Marxismus

In der Geschichtsphilosophie des Marxismus-Leninismus steht der Feudalismus als die historisch „notwendige sozioökonomische Formation" der Entwicklung der Menschheit zwischen Sklavenhaltergesellschaft und Kapitalismus. Als Fundament des Feudalismus werden der Besitz von Grund und Boden sowie die Ausbeutung der Arbeit der bäuerlichen Bevölkerung durch den Feudaladel gesehen. Feudalismus ist nun die Bezeichnung für die „ausbeuterische Herrschaft" einer obersten adligen Klasse, und die Frühe Neuzeit wird als die „Epoche des Verfalls des Feudalismus und der feudalen Gesellschaft" interpretiert. Sein Ende habe der Feudalismus in Westeuropa erst am Ende des 18. Jahrhunderts gefunden, in Rußland dauerte er bis zur Bauernbefreiung 1861 und in China sogar bis ins 20. Jahrhundert. Unter dem Einfluß der marxistischen Interpretation wurde „Feudalismus" als Gegenbegriff zu „Kapitalismus" entwickelt und zu einem Typenbegriff erweitert. Als feudal wurden nun alle Arten von Abhängigkeiten angesehen, insbesondere jede lokale Herrschaft von Großgrundbesitzern über die auf dem Lande sitzenden Bauern und Pächter. Über den „Lehens-Feudalismus" wurde nun ein „Pfründen-Feudalismus" gesetzt, der sogar nur dingliche Abhängigkeiten mit Feudalstruktur gleichsetzte.

II. Grundprobleme und Tendenzen der Forschung

1. Adel in der Frühen Neuzeit

1.1 Beharrung und Mobilität in der ständischen Gesellschaft

Seit der mittelalterlichen Heerschildordnung bezeichnete „Adel" einen geschlossenen Stand, der sowohl lehensrechtlich als auch in seiner Vielfalt als „Wehrstand" definiert war. Die Vielfalt oder Heterogenität des Adels wurde vereinfacht zusammengefaßt in der Zweiteilung in einen hohen und einen niederen Adel. Diese unterteilte Rechtsstellung des Adels innerhalb der Lehens- und Wehrverfassung des Reiches blieb in der Grundstruktur bis zum Ende des Alten Reiches erhalten. Das Reich war verfassungsrechtlich nach der Ausbildung der Landesherrschaften ein adliger Personenverband oder eine gestufte Aristokratie mit monarchischer Spitze. Darüber gibt es in der Forschung kaum nennenswerte Meinungsunterschiede.

Bis in das 19. Jahrhundert war Adelsforschung ein primär standesgebundenes, mit aktuellen juristischen Fragen adliger Rechtsstellung verbundenes Sonderinteresse, wobei vor allem die Herkunft, Genealogie und Geschichte der Dynastenfamilien, wie etwa der Zollern, Habsburger, Welfen oder Wittelsbacher, im Vordergrund standen. Dagegen hat sich die moderne Adelsforschung unter dem Einfluß von Verfassungs-, Wirtschafts- und Landesgeschichte zur Sozialgeschichte ausgeweitet, wobei die Frage der Mobilität eine wichtige Rolle spielt. „Sie ist – vereinfacht gesagt – ein Sammelbegriff für die vielfachen Positionsveränderungen von Individuen in einer Gesellschaft" [64: SCHULZE, Ständische Gesellschaft, 10]. Eine systematische Analyse der sozialen Mobilität im Deutschland der Frühen Neuzeit liegt bisher nicht vor. Allerdings gibt es für die Führungsschichten eine Zwischenbilanz [52: HOFMANN/FRANZ, Zwischenbilanz] mit den Beiträgen von PRESS über die Führungsgruppen um 1500 [57: PRESS, Führungsgruppen], ENDRES über die Führungsschichten um 1600 [49: ENDRES, Führungsschichten] und

Neuere Adelsforschung als Sozialgeschichte

KUNISCH über die Führungsschichten im Absolutismus [56: KUNISCH, Führungsschichten] sowie bei KELLENBENZ über die soziale Mobilität in Europa im Zeitalter des Merkantilismus [55: KELLENBENZ, Merkantilismus].

Wenn man das Problem der horizontalen Mobilität außer acht läßt, die jedoch für die ständische Gesellschaft ebenfalls von hoher Bedeutung war, wie SCHULZE betont [64: Ständische Gesellschaft, 10], dann bleiben die Phänomene der vertikalen Mobilität, also der Aufwärts- oder Abwärtsmobilität. Vorrangige Beispiele hierfür sind die Nobilitierungen oder Rangerhöhungen einerseits und das Absinken oder Ausscheiden von adligen Familien andererseits, sei es durch Aussterben oder Vermögensverlust. Mobilität aber hing schon ganz einfach von menschlicher Reproduktion ab. So reduzierten sich beispielsweise die etwa 1400–1500 Adelsgeschlechter in „Niedersachsen" im 13. Jahrhundert auf nur noch 350 Geschlechter um 1550 [207: LENTHE, Niedersächsischer Adel, 179]. In der Kurmark waren um 1540 genau 259 Geschlechter ansässig gewesen, von denen um 1800 nur noch 83 bestanden. 176 Geschlechter waren ausgestorben, fortgezogen oder verarmt. 142 neue Geschlechter haben ihre Nachfolge angetreten, wie HEINRICH [154; Adel, 305] nachgewiesen hat. Der Austausch von absterbenden Familien durch nachrückende Familien hat sich gleichsam systemneutral vollzogen. „Diese Mobilität kann deshalb als ein fortwährender biologisch-sozialer Selektionsprozeß verstanden werden, der in dieser Form immer stattfindet und von allen Betroffenen offensichtlich als unproblematisch für die soziale Ordnung angesehen wurde." [64: SCHULZE, Ständische Gesellschaft, 11]. SCHULZE verwendet hierfür den Begriff der „Ersatzmobilität". Ein anderes Feld sozialer Mobilität in der Frühen Neuzeit ist die Aufstiegsmobilität durch Amtstätigkeit. Je mehr Ämter und Stellen von dem frühmodernen „Militär-, Wirtschafts- und Verwaltungsstaat" [310: OESTREICH, Ständetum] für notwendig erachtet und angeboten wurden, desto mehr Altadlige und vor allem Neuadlige strömten in diese Positionen ein, was zu deutlichen Reaktionen des alten Adels auf die neue Konkurrenz führte.

Die ständische Gesellschaft war, im Gegensatz zur Kastengesellschaft, eine offene Gesellschaft. SCHULZE stellt nun die Frage nach den Unterschieden zu jener Mobilität, „die wir gemeinhin als Charakteristikum moderner industrieller Gesellschaften ansehen?" [64: Ständische Gesellschaft, 13]. Er erkennt die Unterschiede darin, daß sich die Mobilität der ständischen Gesellschaft gegen das geltende Normensystem für soziales Verhalten durchsetzen mußte.

1. Adel in der Frühen Neuzeit 51

Denn alle Verhaltensvorschriften hätten das Streben nach Aufstieg abgelehnt und den einzelnen auf die Einhaltung seines durch Geburt zugewiesenen Status verpflichtet. Das Funktionieren der Gesellschaft sei nur dann gewährleistet gewesen, wenn jeder „an seinem Ort" blieb. Doch sah dieses Wertesystem auch Möglichkeiten des Aufstiegs vor. Es geschah dies über den Begriff der „virtus" als Qualifikation für den Adel, wie BLEEK und GARBER anhand der Adelstraktate aufgezeigt haben [43: Nobilitas, 49–114]. Durch „virtus" bestand die Möglichkeit des qualifizierten sozialen Aufstiegs in den Adelsstand. „Notwendigerweise kam es hierbei zu vielfältigen Überschneidungen der Qualifikationen durch Tugend oder Bildung und Geburt. Sichtbar wurde dies an der vielfach diskutierten Frage nach der Höherwertigkeit von Adel oder Doktorgrad" [64: SCHULZE, Ständische Gesellschaft, 14; 266: WANGE, doctor]. BLEEK/ GARBER heben jedoch in ihrer verdienstvollen Analyse der deutschen Adelstheorien des 16. und 17. Jahrhunderts den Vorteil oder die Höherwertigkeit des Geburtsadels gegenüber dem „virtus"-Adel hervor [43: Nobilitas, 49–114].

Trotz aller sozialer Mobilität und Veränderungen in der ständischen Gesellschaft im Verlauf der Frühneuzeit blieb doch eine vertikale wie horizontale Abstufung des sozialen Gefüges erhalten. Sie wies auch im Absolutismus dem Adel die Rolle als „Herrschaftsstand" zu, so daß neben der monarchisch-dynastischen Komponente auch die aristokratische als eine politische und soziale Grundstruktur des absolutistischen Staats bezeichnet werden muß, wie KUNISCH [56: Führungsschichten] betont.

Konstanz als „Herrschaftsstand"

1.2 Differenzierung im Rechtssinn des 18. Jahrhunderts

Durch „Beharrung und Mobilität" war im Verlauf der Frühen Neuzeit eine überaus heterogene Herren- oder Führungsschicht entstanden, so daß bereits die Juristen des 18. Jahrhunderts versuchten, eine Klärung und Spezifizierung der verschiedenen Adelsgruppen vorzunehmen. So wurde in der „DEUTSCHEN ENCYCLOPÄDIE" [4] von 1778 Adel definiert als „eine vorzügliche Ehre und Würde, die nicht nur der Geburt, sondern auch dem Amte folget". Diese Würde sei von den Landesherren erteilt und gewöhnlich erblich. Der Verfasser dieses Artikels berücksichtigt also bereits das geburtsständische Element und die Kriterien der staatlichen Rechtssetzung. Deshalb sei Adel:

1. Persönlicher oder Geschlechtsadel. Zum persönlichen Adel ge-

höre der Amts-Adel, „der mit einer gewissen Bedienung verknüpft ist".
2. Alter oder neuer Adel, was über die Ahnenprobe zu erweisen sei.
3. Höherer oder niederer Adel. Zum niederen Adel gehören Reichsritterschaft und landsässiger Adel. Der niedere Adel strebt vielfach den Aufstieg in den Herrenstand an.
4. Geistlicher oder weltlicher Adel, wobei der geistliche Adel die Erzbischöfe, Bischöfe und Äbte umfasse, die Landesherrschaft ausübten. Es sei dies eine Besonderheit des Reichsadels, die diesen von den übrigen europäischen Adelstypen unterschied.
5. Stadt- oder Landadel.
6. Reichsunmittelbar oder mittelbar bzw. landsässig.

Dem allgemeinen Wandel oder der Mobilität im Adelsstand, insbesondere bedingt durch die vielen Nobilitierungen, trug die „DEUTSCHE ENCYCLOPÄDIE" in ihrer nächsten Auflage von 1787 dadurch Rechnung, daß nun dem alten Geschlechtsadel ein eigener umfangreicher Artikel neben dem allgemeinen Adelsartikel gewidmet wurde. Im Geschlechter-Artikel wurden vor allem die Unterscheidungskriterien gegenüber dem Briefadel herausgestellt, aber auch feinere Differenzierungen im Geschlechteradel vorgenommen, vor allem durch die Abstufungen nach Rang und Alter des Adels entsprechend der Ahnenprobe. Hieraus ergaben sich Unterscheidungen in „Turnieradel, Stiftsmäßiger, Landtagsmäßiger, Rittermäßiger Adel" mit den unterschiedlichsten Privilegien und Vorrechten. Trotz des aufstrebenden und neu geschaffenen Amtsadels konnte sich also das Prinzip des Geblüts bis ans Ende des Alten Reiches erhalten.

1.3 Adelskritik in der Aufklärung

Die Adelskrise zu Beginn des 16. Jahrhunderts führte zu einer Adelskritik, die literarisch vor allem beim sogenannten „Oberrheinischen Revolutionär" ihren Niederschlag fand. Die breite Ablehnung des Adels – „da Adam reut und Eva spann, wer war doch da ein Edelmann?" – steigerte sich im Bauernkrieg zum gewaltsamen „Burgensturm". Der Adel sollte seine privilegierte Stellung verlieren und in den frühmodernen „Staat" integriert werden. Die Adelskritik wurde aber wieder zurückgedrängt und überdeckt durch die europäische Adelskultur.

In der Aufklärung jedoch ergab sich sowohl vom Gedanken der Menschenwürde und der Gleichheit der Menschen als auch vom Effizienzdenken her die Folgerung, daß der Adel als Stand dem allgemeinen Fortschritt entgegenstehe. Man war nicht mehr bereit, den Adel als gott- und naturgegeben hinzunehmen. Bereits die Kameralisten wie Becher und Schröder erkannten die Unvereinbarkeit einer einträglichen Staatswirtschaft mit der unrentablen Existenzweise der Adligen. Besonders scharf arbeitete JOHANN GEORG LEIB die Unnützlichkeit des Adels heraus: „Die vom Adel ... haben ... zwar von ihren Lehn- und Ritter-Gütern reichliche Nahrung, allein sie nähren sich erstlich mit der Bauern sauren Schweiß und Blut, halten den edlen Segen Gottes zu Nachteil des Landes mehrenteils auf Teurung, verhindern dadurch die Vermehrung derer Untertanen und schicken zugleich vieles Geld vor Kleidung und andere zu ihrem Unterhalt benötigte Sachen in fremde Länder und bringen dagegen wenig oder nichts vom Gelde wieder ins Land." Schließlich stellte er die Adligen in eine Reihe mit „Hof-Leute, Richter, Advokaten, Soldaten, Müßiggänger und Bettler" [10: LEIB, Verbesserung, 7 f.].

Der Kameralwissenschafter J. H. G. VON JUSTI betonte ebenfalls, daß niemand ein unnützes Mitglied der Gesellschaft sein dürfe, und wandte sich von daher gegen das Prinzip der Dérogeance, wonach der Adel als Stand „durch Commercien, Manufakturen und andere dem Staat nützliche Unternehmungen verunehret" werde [7: JUSTI, Staatswirtschaft, Bd. 1, 403–405]. Nach STOLLBERG-RILINGER [247: Handelsgeist und Adelsethos, 305] unterwarf kaum ein anderer deutscher Adelskritiker der Aufklärungszeit den Adel so konsequent rein ökonomischen Kriterien wie JUSTI, und kaum ein anderer ignorierte so konsequent dessen ständisches Selbstverständnis. Er erörterte offen die Fragen, worin der Adel bestehe und ob seine Existenz für den Staat von Nutzen sei. Das Ansehen des Adels war nach JUSTI nicht auf Tugend, Tapferkeit oder sonstige natürliche Vorzüge begründet, sondern durch die Ausübung hoher Ämter und durch Reichtum. Allerdings hätten sich die Verhältnisse geändert: früher seien das „Waffenhandwerk" und später die hohen Staatsämter das einträglichste Geschäft gewesen, doch in der Gegenwart komme den „Commercien" diese Bedeutung zu. Wenn der Adel sein Prestige und die Grundlagen seiner Existenz behalten wolle, dann bleibe ihm gar nichts anderes übrig, als sich dem Handel zu widmen [5: JUSTI, Wesen des Adels, 147–192]. JUSTI forderte, jeder Adlige, der mit 30 Jahren nicht die erforderlichen Qualifikationen und Fähigkeiten für nützliche Aufgaben vorweisen könne, solle „für seine Person des Adels für unwert erklärt werden" [6: JUSTI, Der handelnde Adel, 252].

„Unnütze Mitglieder der Gesellschaft"

Die Aufklärer und Physiokraten wollten nicht den Adel als bevorrechtigten Stand abschaffen, sondern ihn in ökonomischer Hinsicht modernisieren, und zwar nach englischem Vorbild. So sollten nach JUSTUS MÖSER zumindest die nachgeborenen Adelssöhne „Handlung und Gewerbe treiben" dürfen [13: MÖSER, Warum bildet sich der deutsche Adel, 203–208].

Handelsgeist und Adelsethos

Nach STOLLBERG-RILINGER war diese Adelskritik der Kameralisten jedoch unberechtigt. Denn noch immer galt die Auffassung, „daß Adel und Kaufmannschaft in Deutschland prinzipiell miteinander unvereinbar" seien [247: Handelsgeist und Adelsethos, 273]. STOLLBERG-RILINGER vertritt die Meinung, daß diese gesellschaftliche Norm, die sich über Jahrhunderte gegen alle wirtschaftlichen Nützlichkeitserwägungen behauptet hat, nicht als vernunftwidriges Vorurteil abgetan werden dürfe. Sie beruft sich dabei auf MAX WEBER, der die Erwerbsbeschränkung des Adels als ein Grundprinzip seiner sozialen Existenz als Stand bezeichnet hat. STOLLBERG-RILINGER geht in ihrer Analyse von frühneuzeitlichen Adelstraktaten und Kaufmannskompendien dem Problem der Unvereinbarkeit von Adelsethos und Handelsgeist vor allem auf theorie- und mentalitätsgeschichtliche Gesichtspunkte ein. Zunächst aber stellt sie fest, daß es ein generelles gesetzliches Handelsverbot für den deutschen Adel nicht gegeben hat und daß solche Verbote später nur in einigen Territorien erlassen wurden zum Schutze der Städte. Doch wurde in den von ihr untersuchten Schriften das Handelsverbot des Adels stets aufgeführt, wobei diese sich auf eine Vielzahl unterschiedlicher Quellen beriefen. Hauptquellen waren die Turnierordnungen des 15. und 16. Jahrhunderts, in denen der alte Ritter- oder Landadel die Patrizier oder den Stadtadel von den Turnieren ausschloß. „Die von Adl Kauffmannschaft treiben als ander kauffleuth" wurden von den Turnieren ausdrücklich ausgeschlossen [94: ENDRES, Adel und Patriziat, 225]. Wer Handel, insbesondere Kleinhandel trieb, verlor die Standesqualität. Die Kontrolle der standesgemäßen Lebensführung erfolgte durch die Adelskorporation, die auch über die wirksamste soziale Sanktionsmaßnahme verfügte: die Wahrung des adligen Konnubiums. Die entscheidende Frage, daß ein standesgemäßes adliges Leben nur noch durch unstandesgemäßen Erwerb aufrechterhalten werden konnte, wurde nach Ansicht von STOLLBERG-RILINGER in Deutschland nur deshalb nicht intensiver diskutiert, weil es dem Landadel weitgehend gelungen sei, sich den veränderten wirtschaftlichen und politischen Bedingungen anzupassen. Dabei darf jedoch nicht übersehen werden, daß viele Adlige im

18. Jahrhundert durch das Vorschieben eines bürgerlichen Strohmannes die Standesvorschriften zu unterlaufen wußten und sich als „Fabrikanten" oder „Bankiers" nicht mehr an das alte Adelsethos hielten.

Durch die vielen Nobilitierungen und die Verarmung des Adels wurde ein Problem geschaffen, das schließlich dem Staate selbst unbequem wurde. So schreibt Freiherr vom Stein in einer Denkschrift 1810: „Diese große Menge armen, güterlosen oder verschuldeten Adels im Preußischen ist dem Staate äußerst lästig." Er bezeichnet diesen zahlreichen Adel als „ungebildet, hilfsbedürftig, anmaßend" und moniert, daß „er sich in alle Stellen dränge" [144: BIRTSCH, Rolle, 88].

Bezeichnend für die Adelskrise im ausgehenden 18. Jahrhundert war, daß die Begriffe „Aristokrat", „Aristokratie" und „Aristokratismus" geprägt und pejorativ gebraucht wurden, und zwar in polemisch zugespitzter Weise als Kontrapunkt zu den „Demokraten". Doch die Adelskrise und die adelsfeindlichen Reformen nach dem Zusammenbruch des Alten Reiches beseitigten nicht den Adel, so daß die deutsche Adelswelt zwar schwer erschüttert, aber nicht aufgehoben wurde.

Legitimationskrise

Eine längst fällige systematische Aufarbeitung der Legitimationskrisen des deutschen Adels verspricht der Titel eines Sammelbandes [53: HOHENDAHL/LÜTZELER, Legitimationskrisen], der ein fehlendes Standardwerk zur deutschen Sozialgeschichte erwarten läßt. Der Band hält jedoch nicht das, was der Titel verspricht, denn er enthält fast nur Untersuchungen zur Rolle oder Darstellung des Adels in verschiedenen literarischen Werken aus unterschiedlichen Epochen. Eine wissenschaftliche Behandlung des Themas bleibt also weiterhin ein Desiderat.

2. Adel im Reich

2.1 Erhebungen in den Reichsfürstenstand

In einer materialreichen und eingehenden Untersuchung ist KLEIN [76: Erhebungen, 137–192] den zahlreichen Erhebungen in den weltlichen Reichsfürstenstand nachgegangen. Während er für die Zeit vor dem Dreißigjährigen Krieg nur einige wenige Standeserhebungen anführen kann, wie die der Häuser Meißen, Ligne, Arenberg oder Croy, erfolgte auf dem Regensburger Fürstentag 1623 eine Vielzahl, welche die politischen Schwerpunkte im Reich beträchtlich verschob. Denn die Mehrzahl der Rangerhöhungen dieses Jahres und auch der nachfolgenden Zeit bezogen sich auf solche des böhmisch-österreichischen Raumes, wie KLEIN (76: ebd., 148 f.] betont. Die unter habsburgischer Landesherrschaft stehenden Reichsgebiete wurden also besonders berücksichtigt, und zwar mit zahlreichen neuen Familien, wie die Liechtenstein, Wallenstein, Lobkowitz usw.

Unter der langen Regierung Kaiser Leopolds I. aber verschoben sich die Erhebungen wieder schwerpunktmäßig ins eigentliche „Reich", und außerdem kamen weniger Militärs in den Fürstenrang, sondern mehr Staatsdiener im zivilen Bereich, was nach KLEIN eine Folge des Wandels im Militärwesen war. Enge Vertraute des Kaisers wie Johann Adolf von Schwarzenberg wurden nun gefürstet – und nicht mehr nur erfolgreiche Heerführer.

Besonders eingehend setzt sich KLEIN mit dem Phänomen der Aufnahme von Nichtdeutschen in den Reichsfürstenstand auseinander, insbesondere mit den vielen italienischen Fürstungen. Die Standeserhöhung von Franzosen erfolgte verständlicherweise unter dem Wittelsbacher Kaiser Karl VII., während die Habsburger außer zahlreichen Polen in zunehmender Zahl vor allem Ungarn in den Reichsfürstenstand erhoben. Nachdrücklich verweist KLEIN darauf, daß alle diese Reichsfürstenerhebungen von Nichtdeutschen stets nur solche von erblichen Titularfürsten blieben, denen reichsunmittelbare Herrschaften nicht zur Verfügung standen und die auch nie am Reichsfürstenrat mitwirkten. „Es waren habsburgischerseits Aktionen entweder der Sympathiewerbung oder der Abtragung einer Dankesschuld, mitunter auch von beidem, mit einem oftmals weiten politischen oder politisch-militärischen Hintergrund" [76: ebd., 178]. Doch seien zur endgültigen Klärung noch weitere Forschungen nötig.

Eine eigene Gruppe von Erhebungen in den Fürstenstand im 18. Jahrhundert betraf Fürstungen für unebenbürtige Glieder fürstlicher Häuser. Dies galt etwa für die Gattin des „Alten Dessauers" und ihre Söhne oder für einen Sohn des Wittelsbachers Karl Theodor.

Eine letzte Welle von solchen Erhöhungen stand im Zusammenhang mit dem Reichsdeputationshauptschluß. Hierzu gehören die Rangerhöhungen der Häuser Fugger, Metternich und Waldburg.

Abschließend wertet KLEIN die Ergebnisse seiner Untersuchung: „Zahlenmäßig vor allem im späten 17. und 18. Jahrhundert stark zunehmend, sank der Reichsfürstenstand zugleich hinsichtlich seines Niveaus in sozialer und politischer Hinsicht. Zunächst Mittel großer Politik durch die Heranziehung mächtiger, eigenständiger Häuser an die kaiserlichen Interessen, degenerierte die Fürstenwürde zunehmend zu einem feilen Mittel des Kaisers, sich entstandener Verpflichtungen, gar Schulden zu entledigen, und zu einer Möglichkeit protziger Neureicher, sich mit Sozialprestige höchsten Ranges zu versehen – von den Profitchancen einer Reichsbürokratie ganz zu schweigen, um in der Endphase im Gewühl eines Schlußverkaufes zu enden. So zerfaserte der Reichsfürstenstand je länger, je mehr und je näher das Ende des Alten Reiches heranrückte" [76: ebd., 191].

2.2 Bedeutung der Reichsgrafen

„Die Reichsgrafen sind gewissermaßen durch die Maschen der Verfassungsgeschichte gefallen", meint ERNST BÖHME bei der Bewertung des Forschungsstandes [67: Das fränkische Reichsgrafenkollegium, 2], verweist aber nachdrücklich auf die beiden wichtigen territorialgeschichtlichen Untersuchungen von K. S. BADER [70: Der deutsche Südwesten] und H. H. HOFMANN [182: Adelige Herrschaft].

Eine verstärkte Hinwendung der Forschung und eine Neubewertung der Rolle und Bedeutung des Reichsgrafenstandes in der Frühen Neuzeit ist vor allem VOLKER PRESS [83: Reichsgrafenstand] und einigen seiner Schüler [67: BÖHME, Reichsgrafenkollegium; 86: SCHMIDT, Städtecorpus] zu verdanken. Einen ersten Anstoß zu einer neuen Betrachtungsweise der spezifischen Rolle und Bedeutung der Grafen im Reich gab HATZFELD [72: Zur Geschichte des Reichsgrafenstandes], indem er vor allem versuchte, die Grafen nicht als verhinderte Fürsten zu sehen. Denn er erkannte, daß sich die Grafen von den Fürsten durch grundsätzlich andere Existenzbedingungen deutlich unterschieden und von daher auch von völlig anderen politischen und sozialen Verhaltensnormen und -formen bestimmt und geprägt wurden, deren Erforschung neue Kriterien erforderte. Allerdings konnte HATZFELD selbst diesen neuen Ansatz nicht konsequent durchhalten, denn er wandte das Modell des frühneuzeitlichen Fürstenstaates auch auf den kollegialen „Wetterauer Grafenverein" an und sprach schließlich sogar von einem „Wetterauer Grafenstaat". Die neueren Arbeiten von GLAWISCHNIG [68: Bündnispolitik] und MAGEN [78: Reichsgräfliche Politik] begehen zwar nicht diesen Fehler, aber sie bleiben jeweils auf die Häuser Nassau, Hohenlohe und

Neubewertung der Bedeutung der Reichsgrafen

Rieneck beschränkt und gelangen darüber hinaus kaum zu allgemeineren Erkenntnissen und Aussagen. Neuland dagegen betreten PRESS und SCHMIDT mit ihren systematisch-vergleichenden Studien zur Geschichte des Reichsgrafenstandes [83: PRESS, Reichsgrafenstand; 76: SCHMIDT, Städtecorpus].

Als einen Grund für die Vernachlässigung der Grafen und Herren in der Forschung nennt BÖHME [67: ebd., 3] die aus „macht- und behördenstaatlicher Sicht evidente Bedeutungslosigkeit dieser Gruppe". Auch PRESS [81: Das römisch-deutsche Reich, 233] sieht das Versagen der Grafen im Prozeß der Staatsbildung, doch macht er zugleich auch auf die wichtige Rolle der Reichsgrafen und Freiherren im regionalen Bereich Frankens, Schwabens und des Rhein-Main-Gebiets aufmerksam. Auch betont er die Rolle der Reichsgrafen im System des Alten Reichs [83: PRESS, Reichsgrafenstand] sowie vor allem ihre Stellung am kaiserlichen Hof und an den fürstlichen Höfen, in der Reichskirche oder am Reichskammergericht [264: SMEND, Reichskammergericht].

BÖHME betont besonders die Umschichtungen und Fluktuationen innerhalb des Grafen- und Herrenstandes im 16. und 17. Jahrhundert und kommt zu dem Ergebnis, „daß diese Schicht eine Zusammenfassung all derjenigen gesellschaftlichen und politischen Größen bildete, die über der Ritterschaft standen, den Anschluß an die Fürsten jedoch nicht erreicht hatten. Daraus erklärt es sich auch, daß die Aufnahme in diesen Stand für aufsteigende Familien ein erstrebenswertes Ziel war, für die erfolgreicheren unter ihnen aber häufig auch nur eine Durchgangsstation auf dem Weg in den Fürstenstand blieb" [67: Das fränkische Reichsgrafenkollegium, 4].

„Der Grafenstand hatte also eine Art Scharnierfunktion im gesellschaftlichen Gefüge des Alten Reiches, und seine Zusammensetzung war zugleich ein wichtiges Indiz für die soziale Mobilität im deutschen Adel" [67: BÖHME, Das fränkische Reichsgrafenkollegium, 6]. Denn der Reichsgrafenstand setzte sich zusammen aus alten Grafengeschlechtern, alten freiherrlichen Häusern, ehemaligen Ministerialenfamilien und aus Aufsteigern aus der Ritterschaft, wie etwa die Herren von Schwarzenberg, die schließlich 1670 sogar den Aufstieg in den Reichsfürstenstand schafften [76: KLEIN, Erhebungen, 137–192].

Wichtig waren die guten Beziehungen zum Kaiser, der meist der Schutzherr und Garant der relativen Unabhängigkeit der Grafen war [83: PRESS, Reichsgrafenstand]. Nur dem Kaiser war es letztlich zu verdanken, daß die mindermächtigen Mitglieder des Hoch-

2. Adel im Reich

adels die Reichsstandschaft und eigene Kuriatstimmen auf dem Reichstag erhielten, wie die Untersuchungen von KESTING [75: Geschichte und Verfassung, 175–246], MAGEN [76: Reichsgräfliche Politik] und BÖHME [67: Das fränkische Reichsgrafenkollegium] überzeugend belegen. Aber auch die Standeseinung im „Grafenverein" war wichtig zur Abwehr der Angriffe der großen Territorialstaaten, in deren Dienste man jedoch oftmals aus wirtschaftlichen Gründen treten mußte. Dabei bevorzugten die meist katholischen schwäbischen Grafen und Herren die Dienste am Hof, in der Verwaltung und im Militär des Kaisers [83: PRESS, Reichsgrafenstand], während die Mitglieder des kalvinistisch geprägten Wetterauer Grafenvereins in engen Beziehungen zum Hof in Heidelberg standen [263: PRESS, Calvinismus] und vor allem zu den Niederlanden. So betont GLAWISCHNIG [69: Niederlande, Kalvinismus und Reichsgrafenstand] die wichtige Rolle der Nassauer Grafen im niederländischen Befreiungskrieg. Auch mehrere Reichsgrafenfamilien des Niedersächsisch-Westfälischen Kollegiums unterhielten enge Verbindungen zu den Niederlanden. So lagen die Schwerpunkte der Familieninteressen der Grafen von Limburg-Styrum schon im 16. Jahrhundert in den Niederlanden [205: KLUETING, Reichsgrafen–Stiftsadel–Landadel]. Fürstendienst aus wirtschaftlichen Gründen

Beim Konnubium der reichsgräflichen Familien ergaben sich je nach Konfession unterschiedliche Heiratskreise. So bildeten die reformierten Grafenhäuser in Niedersachsen-Westfalen einen geschlossenen Heiratskreis, während die katholischen Familien sich vornehmlich mit dem österreichisch-böhmischen Adel oder mit französisch-lothringischen Familien verbanden [205: KLUETING, Reichsgrafen–Stiftsadel–Landadel]. Auch die katholischen Grafenhäuser in Schwaben und Franken bildeten mit dem österreichisch-böhmischen Adel einen engen Heiratskreis [83: PRESS, Reichsgrafenstand]. Konnubium

In der Regel überwogen die standespolitischen Interessen der Reichsgrafen die konfessionellen Differenzen. Nur beim sehr heterogenen Niedersächsisch-Westfälischen Reichsgrafen-Kollegium kam es nach 1744 zur Sprengung des Kollegialverbandes durch einen Konfessionsstreit, wie KESTING [75: Geschichte und Verfassung, 175–246] gezeigt hat. Die katholischen Mitglieder, die sich majorisiert fühlten, trennten sich von den evangelischen. Da die Katholiken 17 Stimmen zählten, die evangelischen aber nur 14, forderten die Katholiken einen eigenen katholischen Gesandten auf dem Reichstag zur Wahrnehmung ihrer Interessen und des Stimmrechts. Der Untergang des Alten Reichs beendete den Streit.

2.3 Der Ritteradel zu Beginn der Neuzeit

Der Adel, insbesondere der Ritteradel, war im späten 15. und frühen 16. Jahrhundert zahlreichen internen Spannungen und vor allem äußerem Druck ausgesetzt. Der Niederadel wurde insbesondere vom Verstaatlichungsprozeß erfaßt, durch die „säkularen Vorgänge der Bürokratisierung, der Verwissenschaftlichung, der erhöhten Schriftlichkeit des Herrschens, der verstärkten Geldwirtschaft" [56: PRESS, Führungsschichten, 36], sowie vom wirtschaftlichen Niedergang [220: ENDRES, Adelige Lebensformen]. Dabei erfolgte die staatliche Verdichtung zu unterschiedlichen Zeitpunkten mit unterschiedlicher Geschwindigkeit und mit unterschiedlicher Intensität. Relativ archaische Verhältnisse herrschten in Franken, Schwaben und in den Kurfürstentümern am Rhein [56: PRESS, Führungsschichten].

Adelskrise

Der Ausbau der fürstlichen Landesherrschaft führte zu erhöhtem Druck auf den einzelnen Adligen und schuf Krisen zwischen Fürst und Adel, zwischen Hof und Land. So versuchten selbst in dem relativ geschlossenen Bayern 1489 der adlige Bund der Löwler aus der Einbindung in das Territorium auszubrechen, und die Hildesheimer Stiftsfehde von 1517–1523 erschütterte aufs schwerste die welfischen Lande. Auch in der Kurbrandenburg kam es zu heftigen Streitigkeiten zwischen Landesfürst und eingesessenem Adel [154: HEINRICH, Der Adel in Brandenburg-Preußen].

Die Fehde

Vor allem an der Fehde entzündete sich der Streit zwischen Ritterschaft und Territorialstaat. „Die Fehde, legitime Gewaltanwendung des Adels, hatte im 15. Jahrhundert stark zugenommen" [56: PRESS, Führungsschichten, 37]. Da viele Adlige die Fehde als Vorwand zum Raub mißbrauchten, erreichten Fürsten und Städte 1495 im Ewigen Landfrieden ein generelles Fehdeverbot, dessen definitive Durchsetzung aber noch einige Jahrzehnte dauerte. Zudem wurde das Reichskammergericht vom Ritteradel nicht anerkannt, da in dieser Gerichtsinstanz die Fürsten dominierten. Die Versuche des ritterschaftlichen Adels, sich gegen das Fehdeverbot und die drohende Territorialisierung zur Wehr zu setzen, gipfelten schließlich in der Katastrophe der Fehde Franz von Sickingens und in der Niederwerfung des opponierenden fränkischen Adels 1523 durch den Schwäbischen Bund [220: ENDRES, Adelige Lebensformen].

Franz von Sickingen

Der kurpfälzische Amtmann Franz von Sickingen war finanziell gut gerüstet, militärischen Neuerungen gegenüber aufgeschlossen, geistig wendig und betrieb seine Fehden im großen Stil, worauf CULMANN besonders hinweist [116: Franz von Sickingen]. Nachdem seine langjährige Fehde gegen Worms 1518 mit einem Vergleich endete, wandte er sich zusammen mit dem Großteil der hessischen Ritterschaft gegen Landgraf Philipp von Hessen und zwang diesen zur Kapitulation. Wenig später brachte ihn der Humanist Ulrich von Hutten mit der Reformation Luthers in Verbindung, und Sickingen trat sogleich energisch für die Sache Luthers ein. Nach dem gescheiterten Feldzug gegen Frankreich und dem Streit mit dem Kaiser wurde Sickingen wiederum zum Rebell. Er berief für Sommer 1522 einen Rittertag nach Landau ein, dem ca. 600 Ritter folgten [116: CULMANN, Franz von Sickingen, 27]. In der Absicht, sich endlich eine fürstengleiche Stellung zu verschaffen, begann er mit ca. 12 000 Mann seinen Feldzug gegen Kurtrier, angeblich, ,,um dem Evangelium eine Öffnung zu machen" [112: RENDENBACH, Fehde]. Doch der ,,Pfaffenkrieg" scheiterte, und damit war auch der Versuch mißglückt, mit der Säkularisation eines Kurfürstentums gewaltsam eine Reichsreform zugunsten des Ritteradels durchzusetzen.

Am ,,Pfaffenkrieg" gegen Kurtrier hatte sich die fränkische Ritterschaft in ihrer Gesamtheit nicht beteiligt. Die Solidarität der Ritter hatte versagt, und zudem wollte der fränkische Adel bei seiner engen Verbindung mit der Kirche die eigenen Interessen nicht beeinträchtigen [113: RIEDENAUER, Kontinuität und Fluktuation, 14]. Nur einige wenige fränkische Ritter hatten am Pfaffenkrieg teilgenommen. Ihre Bestrafung wurde dem Schwäbischen Bund übertragen. In wenigen Wochen wurden zahlreiche Burgen und Sitze in Franken gebrochen und als ,,Raubnester" zerstört [220: ENDRES, Adelige Lebensformen]. Die Ritterschaft war als politische und militärische Macht vorerst ausgeschaltet. Einer der Betroffenen, Hans Thomas von Absberg, aber setzte die Fehde fort und hielt noch mehrere Jahre den Schwäbischen Bund in Atem, worauf zuletzt G. PFEIFFER hingewiesen hat [104: Absberg].

Götz von Berlichingen war einer der bekanntesten und herausragendsten Ritter und Raubritter seiner Zeit [117: ULMSCHNEIDER, Götz von Berlichingen]. Um 1480 auf Burg Jagsthausen geboren, kam er, nachdem der Versuch, ihm höhere Bildung zu vermitteln, gescheitert war, an den Hof von Ansbach, wo er sich im Kampf gegen Nürnberg auszeichnete. Auf bayerischer Seite wurde er in Landshut 1504 verwundet und verlor seine Hand. Als ,,Ritter mit der eisernen Hand" brach er eine Fehde gegen Nürnberg vom Zaun, wozu er ein gut Teil des fränkischen ,,Heckenreiter-Adels"

Götz von Berlichingen

um sich sammeln konnte [117: ebd., 62]. Er selbst „schätzte" die gefangenen Kaufleute und erpreßte das Lösegeld.

Da die Ritterschaft auf dem Rittertag zu Schweinfurt 1512 eine Verurteilung ihres Standesgenossen ablehnte, konnte dieser seine einträglichen „Raubunternehmungen" [117: ebd.] fortsetzen und vom Erlös Schloß Hornberg erwerben. H. ULMSCHNEIDER kann in seiner instruktiven Biographie deutlich machen, wie der angeblich biedere Ritter die Fehde benutzte, um Konfliktzonen im Reich zu beträchtlichem eigenen Gewinn auszunutzen.

Adel im Bauernkrieg

Die Rolle des Adels im Bauernkrieg muß noch näher erforscht und geklärt werden, worauf vor allem PRESS [315: Kaiser Karl V.] hinweist. Die vorliegenden regionalen Untersuchungen etwa zu Franken, Thüringen oder Tirol [91: BUSZELLO/BLICKLE/ENDRES, Bauernkrieg] zeigen zwar wichtige Aspekte auf, doch eine abschließende Wertung ist noch nicht möglich. M. MAYER [103: Bewegungen] versucht zwar eine sozialgeschichtliche Einordnung der am Aufstand beteiligten Adligen, doch kann er wegen seiner dünnen Quellenbasis und seiner engen Anlehnung an die marxistische Ideologie nicht überzeugen.

Eine Neubewertung seiner Rolle im Verlauf des Bauernkriegs hat Götz von Berlichingen erfahren, dessen Beteiligung am Aufstand in der bisherigen Literatur sehr kontrovers behandelt worden war. Er selbst hat, um sich nachträglich zu rechtfertigen, seine Lebensbeschreibung verfaßt. Sichere Erkenntnis ist neuerdings, daß Götz tatsächlich im Aufstand der Bauern eine Möglichkeit sah, im Bündnis mit diesen die Adelskrise zu überwinden und den drohenden Zugriff der Territorialfürsten abzuwehren. Er wollte den Aufständischen die Ritter zuführen [117: ULMSCHNEIDER, 137–141]. Deshalb trat er der „Christlichen Brüderschaft" der Bauern bei und wurde deren „narr und hauptmann". Nach ULMSCHNEIDER hatten auch Wilhelm von Henneberg oder Wendel Hipler ähnliche Hoffnungen und Absichten. Das Gros des fränkischen Adels aber, darunter die bedeutendsten Köpfe wie Sebastian von Rotenhan und Sylvester von Schaumburg, trat auf die Seite der Fürsten, nicht zuletzt, um sich vor den Übergriffen der Bauern zu schützen [91: BUSZELLO/BLICKLE/ENDRES, Bauernkrieg, 142]. Götz wirkte schließlich mäßigend auf die aufständischen Bauern, weshalb er von den radikalen Bauern abgesetzt wurde, die erklärten, „sy hetten einen bauern krieg, sie wölten khein fürsten, graven, herrn oder edelman dabey haben" [117: ULMSCHNEIDER, 163]. Obwohl sich Götz vor dem Reichskammergericht rechtfertigen konnte, nahm ihn der Schwäbische Bund gefangen und ließ ihn erst nach Bestrafung und Urfehde frei. Da Götz 1542 am kaiserlichen Feldzug gegen die Türken teilnahm, mußte er sich mit dem Reichsoberhaupt wieder ausgesöhnt haben. Der frühere „Raubunternehmer" und Bauernhauptmann hatte sich also mit der neuen Rolle der Ritter abgefunden.

Obwohl zu Beginn des 16. Jahrhunderts der Adel noch mehrheitlich ungebildet war, wie etwa die mageren Bücherfunde auf fränkischen Burgen zeigen [220: ENDRES, Adelige Lebensformen], gab es doch unter den Mitgliedern des Adels, die sich der geistlichen Laufbahn verschrieben hatten, zahlreiche adlige Kapitulare mit akademischen Studien und humanistischer Bildung [106: PRESS, Adel, Reich und Reformation, 344–346]. Sie kamen vielfach auch sehr früh mit der Reformation in Berührung, wie etwa der Eichstätter Domherr Bernhard Adelmann von Adelmannsfelden. Adel und Humanismus

Unter den zahlreichen humanistisch gebildeten Rittern, die nicht die geistliche Laufbahn ergriffen haben, ragt Ulrich von Hutten hervor. Ulrich von Hutten wird von DILTHEY als „der erste moderne Deutsche" bezeichnet, da er erstmals ein bewußtes Bemühen um die Entfaltung der Persönlichkeit und ein Streben nach Selbstverwirklichung durch individuelle Bildung gezeigt habe. Hutten habe sich stets als Ritter gefühlt und bezeichnet, auch nachdem er nach längeren Studien in Köln, Erfurt, Frankfurt a. d. Oder, Leipzig, Greifswald und in Italien als gelehrter Rat in die Dienste Albrechts von Mainz eingetreten war. Dieser hatte nach Meinung HOLBORNS [101: Hutten] mit dieser Anstellung des bekannten Ritters als Mäzen des Humanismus hervortreten und Aufsehen erregen wollen. Allerdings sei Huttens frühes propagandistisches Eintreten für die Sache Luthers von den adligen Standesgenossen heftigst kritisiert worden, da mit der Kirchenreform der Verlust vieler Versorgungsstellen für den Adel drohte. Hineingezogen in den „Pfaffenkrieg" des Franz von Sickingen scheiterte Hutten. „Mit ihm ging eine große Epoche des deutschen Rittertums zugrunde" [101: HOLBORN, Hutten, 163]. Ulrich von Hutten

Obwohl Ritter wie Ulrich von Hutten, Franz von Sickingen, Sebastian von Rotenhan u.a. untrennbar mit der Reformationsgeschichte verbunden sind, gibt es noch keine zusammenfassende Darstellung des Problems „Adel und Reformation". Eine solche ist bisher nur in einigen Ansätzen versucht worden [316: RIEDENAUER, Reichsritterschaft und Konfession, und vor allem 106: PRESS, Adel, Reich und Reformation]. PRESS weist auf die hohen Schwierigkeiten hin, diese Forschungslücke angemessen auszufüllen: Das Problem

Adel und Reformation weise eine immense regionale Vielfalt auf [106: PRESS, Adel, Reich und Reformation, 343], und er unterscheidet in seiner Übersicht drei Phasen in der Haltung des Adels zur Reformation:
1. bis zum Jahr 1530 spontane Einzelaktionen (Hutten, Sickingen);
2. bis 1555 Orientierung im territorialen Rahmen und im Rahmen des Reiches, d.h. im Norden Übergang von Fürst und Adel zur Reformation, während im Süden die Landesfürsten den Adel von der Reformation weitgehend fernzuhalten suchten.
3. von 1555 an adlige Konfessionsbildung. Dabei wurde den Bistümern als den wichtigsten Adelskorporationen die Hinwendung zur Reformation untersagt.

PRESS betont vor allem, daß sich die anfängliche fürstenfeindliche Haltung der Ritter und Anhänger Luthers durch den Bauernkrieg grundsätzlich geändert hat. Ritter und Grafen, wie die Erbach und Wertheim, schlossen sich früh der Reformation an, ebenso auch viele Adlige in Österreich. Die Ritter im Kraichgau entschieden sich fast geschlossen für die Reformation und zogen sogar ihren Landesherren mit [108: PRESS, Kraichgau]. Auch in den meisten territorialen Reformationen spielten Adlige eine entscheidende Rolle, wie etwa Nikolaus von Amsdorf in Kursachsen oder Johann von Schwarzenberg in Ansbach. Umgekehrt wurde der Adel von den einzelnen territorialen Reformationen erfaßt. Doch war er nicht bereit, sich die landesherrliche Reformation entschädigungslos aufzwingen zu lassen, denn die Frage der Verwendung der Kirchengüter stellte das entscheidende Problem dar. Erst nachdem die Landesherren den Adel an den eingezogenen Kirchengütern mitbeteiligten, wurde diesem die Zustimmung zur Reformation erleichtert, auch wenn der Landesherr den Hauptteil einbehielt. So fielen in Kurbrandenburg von den 66 eingezogenen Klöstern 52 an den Landesherrn, und in Mecklenburg kamen 11 Klöster an den Herzog und nur 3 als Fräuleinstifter an den Adel. Weiterhin setzte sich in vielen norddeutschen Stiften das Modell durch, daß das adlige Kapitel beibehalten wurde, aber an die Spitze des Stifts ein Reichsfürst als Administrator gesetzt wurde, der dann die Reformation durchführte. Dem evangelischen Adel blieben dann die reichen Pfründen der Kirche erhalten.

Weiterhin hebt PRESS die besondere Rolle des Deutschen Ordens hervor. „Während in Preußen der letzte Hochmeister, Markgraf Albrecht von Brandenburg, im Einvernehmen mit seinen Mitbrüdern den Weg der Reformation und eines weltlichen evangeli-

2. Adel im Reich

schen Territoriums ging, mit dem zugleich das traditionelle Spannungsfeld zwischen den landfremden Ordensbrüdern und dem landsässigen Adel bereinigt wurde, vollzog sich im Deutschmeistertum genau die umgekehrte Entwicklung" [106: ebd., 360]. Gestützt auf die Balleien und den heimischen Adel konnte so der Kaiser den Orden im Süden des Reiches retten und machte damit deutlich, wie wichtig das Reichsoberhaupt für den Erhalt des Adels war. Im Norden dagegen wurden die Balleien reformiert.

Nach dem Vorbild des Deutschen Ordens suchte Kaiser Karl V. mit der Erhebung des Johannitermeisters 1548 zum Reichsfürsten eine zweite Adelskorporation durchzusetzen, die jedoch nicht die Bedeutung des Deutschen Ordens erreichte [296: OPGENOORTH, Ballei Brandenburg].

Bei der Bewertung der Vasallität und der Rolle des Hofes gerade auch im Zusammenhang mit der Frage nach der Ausbreitung der Reformation gehen die Meinungen deutlich auseinander. Während RIEDENAUER dem Lehensverhältnis im 16. Jahrhundert praktisch keine Bedeutung mehr zuweist [316: Reichsritterschaft und Konfession, 10], betont PRESS immer wieder die Bindungen des Ritteradels durch die Vasallität und die wichtige Rolle des Hofes. „So wurden die Höfe der Lehensherren zu Mittelpunkten des Adels, Stätten der Kommunikation, der Eheanbahnung, der Präsentation nach außen, oft verbunden mit der Erfüllung adligen Spielwillens, natürlich auch Stätten der geistigen Einflüsse und nicht zuletzt – über die Dienste – der finanziellen Entlastung" [106: PRESS, Adel, Reich und Reformation, 331]. Zugleich mahnt PRESS die verstärkte Erforschung des „Hofes als soziales Integrationsinstrument" als dringendes Postulat an, und zwar insbesondere für das 16. Jahrhundert [106: ebd.].

Der Religionsfriede von Augsburg 1555 brachte in vielen Territorien mit der Religionshoheit den Abschluß des Territorialisierungsprozesses. Auch die Reichsritterschaft entschied frei über ihre Konfession, wobei allerdings offenbleibt, ob der Reichsritterschaft nur die persönliche Religionsfreiheit zustand oder das uneingeschränkte Jus reformandi. RIEDENAUER [316: Reichsritterschaft und Konfession, 48] vertritt die Meinung, daß die volle Religionsfreiheit der Reichsritterschaft erst 1648 erteilt wurde.

Friede von Augsburg 1555

Wie aber stand es um die Religionsfreiheit des landsässigen Adels? Die „Declaratio Ferdinandea" wurde nicht dem Reichskammergericht insinuiert und konnte damit nicht eingeklagt werden. „Die konfessionelle Durchdringung des Landes nach dem Willen des Landesherrn aber wurde zum Programm des Landfriedens" [106: PRESS, Adel, Reich und Reformation, 361]. So kam es nach PRESS zu einer letzten Adelskrise, als die Landesfürsten mit Macht die einheitliche Konfession durchsetzen wollten, voran in den katholischen Territorien in Süddeutschland, in denen der Adel evangelisch geworden war, während im Norden die Lage des Adels unproblematischer war. Doch selbst die Stifter Hildesheim, Paderborn, Münster und Köln standen vor der Säkularisation und konnten nur mit Unterstützung Bayerns für die alte Kirche gerettet werden. Noch um 1650 waren rund zwei Drittel der Ritterschaft von Münster evangelisch, wie PRESS betont. In Würzburg trieb Julius Echter von Mespelbrunn mit seiner reichsfürstlich-absolutistischen und katholisch-gegenreformatorischen Politik viele Adlige ins evangelische Lager. Mit Hilfe der Jesuiten und der neuen Universität wollte Julius Echter den alten Stiftsadel wieder für die Kirche gewinnen. Auch in Bamberg wandten sich viele Adlige der Reformation zu. Mehrheitlich blieb der fränkische Adel evangelisch, bis er erkennen mußte, daß kein Weg mehr zu evangelischen Bistümern führte und er so seine reichen Pfründen aufgeben mußte [106: PRESS, ebd., 364–371].

In Bayern war die reformatorische Bewegung straff unterdrückt worden, doch besaß sie einen spürbaren Rückhalt in den adligen Landständen. Vor allem um den evangelischen Reichsgrafen Joachim von Ortenburg sammelte sich eine evangelische Adelsopposition mit Pankraz von Freyberg als Wortführer, wobei PRESS [109: Grumbach, 414] die Verbindung der Adelsfronde zu Württemberg besonders betont. Doch die adlige Opposition in Bayern wurde vom Landesherrn 1563/64 zerschlagen.

In den österreichischen Erblanden war die breite Hinwendung des Adels zur Reformation für die Landesherrschaft entschieden gefährlicher, denn der Adel wurde zum wichtigsten Rückhalt der evangelischen Bewegung, die sich untrennbar mit der ständischen verband [134: REINGRABNER, Der evangelische Adel, 195–204]. „Materieller Nutzen und Demonstration ständischer Eigenständigkeit, aber auch Gewissensentscheidung und Glaubensüberzeugung führten zur Reformation. Die Kombination von religiösem Gegensatz zur Dynastie und ständischen Freiheiten markierte in Österreich die letzte Ausprägung alteuropäischer Adelsautonomie" [106: PRESS, Adel, Reich und Reformation, 379]. Das Ende der Adelsherrschaft brachte der Dreißigjährige Krieg.

Nach PRESS [109: Grumbach, 396–431] stellten die sog. Grumbachschen Händel in den 1560er Jahren eine tiefe Krisensituation dar, die geeignet war, ,,das innere Gefüge des Reiches aufs schwerste zu belasten" [109: Grumbach, 397]. Sie waren zunächst eine regionale Krise, hervorgerufen durch die instabilen Verhältnisse in Franken. Doch weitete sich die Krise aus und erschütterte das gesamte Reichsgefüge. Daß die Ereignisse in Franken reichsweite Bedeutung erlangten, lag einmal an der zentralen Lage, zum anderen an der Person Grumbachs. Denn der Ritter Grumbach war ein hochintelligenter, rational denkender Mann, der es vorzüglich verstand, die unsicheren Verhältnisse in Franken und im Reich auszunutzen. Keineswegs war Grumbach ein krimineller Einzelgänger, als der er bisher gesehen wurde. Der Kampf Grumbachs gegen den Würzburger Bischof war der letzte Versuch einer adligen Opposition gegen die Fürstenmacht und gegen den Ausbau des Territoriums zunächst im regionalen Bereich. Doch die Adelsopposition um Grumbach griff weiter aus nach Norddeutschland, nach Sachsen und nach dem Südwesten, so daß die Gefahr einer allgemeinen Erhebung des Niederadels gegen das Territorialfürstentum bestand. Vor allem die Fürsten in Süddeutschland fürchteten einen ,,Edelleutkrieg", nachdem Grumbach 1563 nach den Spielregeln der verbotenen Fehde und unter Bruch des Landfriedens die Stadt Würzburg erobert und den Bischof zu einem demütigenden Vertrag gezwungen hatte. PRESS sieht vor allem Verbindungen Grumbachs zur Adelsfronde in Bayern und in Württemberg, die in der bisherigen Forschung so nicht erkannt worden waren. Das Jahr 1564 war der Höhepunkt der krisenhaften Zuspitzung im Verhältnis zwischen Adel und Fürsten, als Grumbach und seine Anhänger ihre Sache als die des gesamten deutschen Adels darzustellen und vor allem den Kaiser als Bündnispartner zu gewinnen suchten. Mit Hilfe des Kaisers wollten die Ritter in einem ,,Edelmannskrieg" die Territorialverfassung des Reiches sprengen [109: ebd., 419]. Doch die Fürsten, voran die Kurpfalz, setzten sich militärisch durch. Außerdem hatte sich mit der Organisation und Konsolidierung der Reichsritterschaft in Franken und Schwaben das Verhältnis zwischen den Fürsten und Rittern einigermaßen entspannt, so daß auch an eine Rebellion des landsässigen Adels in Kursachsen oder Norddeutschland und ihren Anschluß an Wilhelm von Grumbach nicht mehr zu denken war. ,,Das Territorialprinzip hatte sich durchgesetzt. Die Krise des niederen Adels in Deutschland war beendet" [109: ebd., 431].

Adelskrise in den 1560er Jahren

2.4 Reichsritterschaft

Die unmittelbare, freie Reichsritterschaft war Teil des Reichsadels, der bis 1805 allein in Schwaben, Franken und am Rhein sich die Reichsunmittelbarkeit bewahren konnte. Zwar stellte die Reichsritterschaft ein von Kaiser und Reichsständen anerkanntes Glied des Alten Reiches dar, sie besaß aber weder in corpore noch durch einzelne Mitglieder Sitz und Stimme auf den Reichs- und Kreistagen [105: PFEIFFER, Studien, 184]. Durch die Reichsunmittelbarkeit aber machte die Reichsritterschaft einen „bevorrechtigten Teil" des Niederadels aus.

Entstehung einer Ritter-Organisation

Die Besteuerung der Ritter außerhalb von Kreis und Territorium war das entscheidende Kriterium für die Formierung einer Ritter-Organisation [108: PRESS, Kraichgau, 53] – und nicht der Erlaß einer Ritterordnung, wie HELLSTERN [100: Neckar-Schwarzwald] meint. Mit dem Gemeinen Pfennig von 1542 war endgültig die Trennung in reichsfreien und landsässigen Adel erfolgt. HELLSTERN [100: Neckar-Schwarzwald, 3] hebt jedoch hervor, daß die Ritter in Franken, Schwaben und am Rhein schon vorher nicht landsässig waren, sondern schon im 15. Jahrhundert in Ritterbünden zusammengeschlossen waren, also schon gewissermaßen die Reichsunmittelbarkeit besessen haben. Auch bedeutete die Freiheit von Reichssteuern nicht die generelle Freiheit von Abgaben an Kaiser und Reich. Denn schon 1529 leisteten die Ritter in Franken dem Kaiser Subsidia charitativa [60: HOFMANN, Adel in Franken, 123], wie sie sich auch 1532 an der Türkenhilfe beteiligten, und ebenso die schwäbischen Ritter [115: SCHULZ, Kocher, 22–25]. Doch letztlich ist PRESS zuzustimmen, wenn er die Verweigerung des Gemeinen Pfennigs 1542 als die „Geburtsstunde" der Reichsritterschaft bezeichnet [108: Kraichgau, 86].

Membra Imperii

Die Reichsritter waren nicht status, wohl aber membra imperii [105: PFEIFFER, Studien, 185]. Die Bemühungen der Reichsritterschaft um die Erlangung der Reichs- und Kreisstandschaft hat ausführlich und ins Detail gehend PFEIFFER dargestellt [105: ebd., 184–280]. Er kann belegen, daß die vielfältigen Versuche letztlich weniger am fehlenden Interesse des Kaisers und am Widerstand der Reichsstände gescheitert sind, sondern mehr am Desinteresse in den eigenen Reihen. Schließlich lehnten die Ritter es ab, sich um Sitz und Stimme auf den Reichstagen zu bemühen, da sie höhere Belastungen fürchteten [105: ebd.; 98: ENDRES, Reichsritterschaft, 381–389].

2. Adel im Reich

HELLSTERN [100: Neckar-Schwarzwald, 42] verneint die Frage, ob die Reichsritterschaft die Landeshoheit besessen habe, da ihr die Reichsstandschaft fehlte und vielfach auch die hohe Gerichtsbarkeit. Doch HOFMANN [60: Adel in Franken, 115] macht nachdrücklich darauf aufmerksam, daß in den Gebieten oder Zonen ungeschlossener Staatlichkeit die Hochgerichtsbarkeit keine Rolle spielte. Nach HOFMANN war die Reichsritterschaft auf dem „Weg zur Staatlichkeit", doch konnte diese noch nicht alle Funktionen eines modernen Territorialstaates ausfüllen. Nach DANNER [92: Hegau, 8] war die Reichsritterschaft eine Zwischenstufe zwischen privater Herrschaft über Grund und Boden und der „Herrschaft öffentlichen Rechts". HUBER dagegen [54: Deutsche Verfassungsgeschichte, 616] gesteht der Reichsritterschaft nur die „einfache innere Gebietshoheit" zu, während BADER [70: Der deutsche Südwesten, 170] dem Kanton doch die Landeshoheit zuspricht, da dieser die Steuer- und Militärhoheit besaß und vor allem das Verordnungsrecht. Dagegen weisen PFEIFFER [105: Studien, 184 ff.] und ENDRES [98: Reichsritterschaft, 381–389] darauf hin, daß der Ausbau der Kantone zu obrigkeitlichen Territorien oder zu vollen „Staatskörpern" nicht zu Ende geführt werden konnte, trotz der zahlreichen staatlichen Hoheitsrechte, die von den Kantonen ausgeübt wurden.

Problem der Landeshoheit

Die Gegenleistung der Reichsritterschaft für den kaiserlichen Schutz bestand in der Zahlung von Geldhilfen, den sogenannten Charitativsubsidien, direkt an den Kaiser und in der Bereitstellung von Truppen. Die Geldhilfen, die zuverlässigste Einnahmequelle des Kaisers im Reich, wurden von den drei Ritterkreisen getrennt aufgebracht. Sie betrugen aus dem Schwäbischen Kreis im Jahr 1532 31000 fl, 1599 24000 fl, 1699 45000 fl, 1708–1712 jährlich 75000 fl sowie 1757 und 1761 je 160000 fl [100: HELLSTERN, Neckar-Schwarzwald, 63–66].

Leistungen für den Kaiser

„Die Reichsritterschaft ist ein Verband, der zwar durch Reichsrecht geschützt und einigermaßen als Glied des Reichs definiert ist, als personale Adelskorporation in unterschiedlichem geographischem und territorialpolitischem ‚Habitat' aber erheblichen Veränderungen einer deutlichen Fortentwicklung und vor allem einer starken Differenzierung unterworfen ist. Jeder Ritterkanton ist nicht nur eine eigenständige Zelle genossenschaftlicher Willensbildung und Organisation, sondern auch ein Verband mit eigener Struktur und individuell veränderlichen Entwicklungsmerkmalen – gerade im Hinblick auf seine Mitgliederschaft" [113: RIEDENAUER, Kontinuität und Fluktuation, 151]. RIEDENAUER betont vor allem die stark

Kontinuität und Mobilität

ausgeprägte Mitgliederbewegung in den fränkischen Kantonen, wobei allerdings doch ein „beträchtlicher Stamm alter Familien" bis zum Untergang der Reichsritterschaft erhalten blieb, was besonders im Kanton Rhön-Werra ausgeprägt war. Durch eine starke Fluktuation im Mitgliederbestand war dagegen der Kanton Steigerwald bestimmt.

Da der reichsritterschaftliche Kanton in erster Linie ein Personen- oder besser ein Familienverband war, war er als Korporation auch in erster Linie ein geschlossener Stand. War der Ritter nicht geborenes Mitglied der Korporation, dann führte der Weg in die Reichsritterschaft über den freien Konsens der ritterlichen Gesellschaft in einem bestimmten Gebiet, in dem der Aspirant sich ansässig gemacht hatte oder niederlassen wollte. Dieser Konsens war aber nur dann zu erreichen, wenn bestimmte Voraussetzungen bezüglich der Familie und der Person gegeben waren. War der Ritter schon Mitglied eines anderen Kantons, dann erfolgte die Aufnahme problemlos. In allen anderen Fällen stellten sich die Fragen: „Paßt er zu uns? Können wir unsere Töchter an ihn verheiraten, ohne daß unsere Enkel der Stiftsfähigkeit und anderer altadeliger Vorzüge verlustig gehen? Können wir mit ihm zusammen zu Tanz und Kindstauf, zu Leichfeiern, Jagd und höfischen Festen fahren, ohne unserer Reputation zu schaden? Können wir ihm unsere Güter verkaufen?" [113: RIEDENAUER, Kontinuität und Fluktuation, 93].

Wichtigstes Aufnahmekriterium war die adlige Herkunft. Die Ahnenprobe erstreckte sich in der Regel auf 8 ritterbürtige Ahnen aus reichsfreiem oder auch landsässigem Adel, wie etwa aus den österreichisch-böhmischen Erblanden. Dabei waren die Franken weniger streng als die Schwaben. Anerkannt wurden auch die Nobilitierungen durch den Kaiser, während die Diplome der Reichsvikare auf Schwierigkeiten stießen [113: RIEDENAUER, ebd., 103]. Die Nobilitierungen von Hofpfalzgrafen wurden abgelehnt [253: ARNDT, Hofpfalzgrafenamt]. Weiterhin durfte keiner der Voreltern bis zum vierten Glied „von geringer Profession und verächtlicher Kondition" gewesen sein, also keinen adelswidrigen Beruf ausgeübt haben und keine standeswidrige Heirat eingegangen sein.

Sehr großzügig verfuhren alle Ritterkantone seit dem ausgehenden 17. Jahrhundert bei der Rezeption von Mitgliedern der höchsten Reichsgerichte und der reichsständischen Regierungskollegien, da man sich hiervon Vorteile für die Ritterschaft versprach [94: ENDRES, Adel und Patriziat, 221–238; 93: DUCHHARDT, Reichskammergericht, 315–337]. Im 18. Jahrhundert wurden nicht weniger als

20 Reichshofräte, 13 Reichskammergerichtsassessoren und zahlreiche kaiserliche Gesandte rezipiert [260: JAHNS, Funktionselite, 353–387], aber auch der preußische Geheime Rat Hopfer [113: RIEDENAUER, ebd., 106].

DUCHHARDT [93: Reichskammergericht, 315–337] macht auch auf das Phänomen aufmerksam, daß die Reichsritter zwar lange das Reichskammergericht ablehnten und auch keine Kammerzieler, also Beiträge zum Unterhalt des Reichskammergerichts, bezahlten, daß aber nach der Mitte des 17. Jahrhunderts das Reichskammergericht den Adel als „Berufsort" anzog. Denn für beide konfessionelle Lager entfielen Versorgungsplätze, so daß sogar in der Ritterschaft Überlegungen angestellt wurden, wie die Zahl der ritterschaftlichen Assessoren erhöht werden könnte. Als einige Ritter, wie Dalberg, Ingelheim, Thüngen oder Seckendorff, sogar zu Präsidenten des Reichsgerichts aufstiegen, erhoben die Reichsgrafen energischen Protest gegen diese Konkurrenz. Im 18. Jahrhundert besaßen jedoch die Reichsritter ein eindeutiges Übergewicht am Reichskammergericht. So waren im Jahre 1750 einer der beiden Präsidenten und 11 der amtierenden 16 Beisitzer Mitglieder der Reichsritterschaft.

<small>Reichsritter und Reichskammergericht</small>

Der Dreißigjährige Krieg hatte zu einem tiefgreifenden Austausch der Eliten geführt [95: ENDRES, Folgen; 58: PRESS, Soziale Folgen]. Auf dem Lande wechselten viele Rittergüter an Kriegsgewinnler oder Offiziere, reiche Bürger und Nobilitierte, die sich nun ein standesgemäßes Gut zulegten. Deshalb mußten sich die Ritterkreise mit der Frage beschäftigen, wie sie es künftig mit diesen neuen Rittergutsbesitzern halten wollten, deren Güter beim Kanton immatrikuliert waren, wie ENDRES [94: Adel und Patriziat, 221–228] aufgezeigt hat. Man entschied, diese nur als „Propriisten" ohne Wahl- oder Stimmrecht zuzulassen. Damit aber war das Nürnberger Patriziat nicht einverstanden. Bezüglich des Verhältnisses von Reichsritterschaft und Patriziat hatte der ritterschaftliche Jurist J. K. KREYDEMANN schon 1644 festgestellt: „Es seind Geschlechter in den Reichsstädten, sonderlich Nürnberg, Augsburg, Ulm, Straßburg, welche auch für edel und hoch gehalten und sonderbar vor andern plebeis gefreiet, aber sie erkennen des Reichs Stadtrat und seind für freie Reichsritter vom Adel nicht zu halten ... Wann auch dergleichen Geschlechter etwa freie adelige Rittergüter und Gefäll erkaufen und an sich bringen, so verbleiben sie mit der Kontribution und oneribus, so den Gütern und Gefällen anhangen, der Ritterschaft verhafft und beigetan; aber im übrigen werden sie für freie Reichsritter vom Adel nicht erkennet, werden nicht auf die Ritter- und

<small>Reichsritter und Patriziat</small>

Viertelstage erfordert noch ihnen die Freiheit der Ritterschaft gestattet" [14: MOSER, 223 f.].

Die Nürnberger Patrizier
Die Nürnberger Patrizier aber, die Rittergüter erworben hatten, verlangten die Anerkennung ihrer Gleichrangigkeit und Ebenbürtigkeit mit dem Ritteradel. Sie forderten auch die gleiche Anrede und Titulatur. Denn 1654 verlieh der Kaiser allen Mitgliedern der drei Ritterkreise das Recht auf die Titulatur „Edel und Wohlgeboren", was sogleich auch vom Patriziat angestrebt wurde. Doch der Adel lehnte dies ab und gestand den Patriziern nur die Anrede „Ehrsam" zu. Als der Nürnberger Rat den Kompromißvorschlag unterbreitete, daß er den Rittern das Prädikat „Wohlgeboren und Wohledelgeboren" zugestehen wolle, wenn die Ritterschaft ihrerseits die Nürnberger Patrizier mit „Wohlgeboren" titulieren würden, wurde auch dies von den standesbewußten Adligen verworfen. Deshalb wandten sich die Patrizier an ihren Schutzherrn, den Kaiser [94: ENDRES, Adel und Patriziat], um die Frage der Ebenbürtigkeit zu klären. In zwei Privilegien von 1696 und 1697 wurde den Nürnberger patrizischen Familien vom Kaiser ihr alter Adel bestätigt, das „uralt adelige und ritterliche Herkommen". Sie hätten lange „ehe sie sich in die Stadt begeben, in einem adeligen und rittermäßigen Stand" gelebt, wären zu Turnieren zugelassen gewesen, zu Rittern geschlagen und in adlige Stifte und Ritterorden aufgenommen worden. Sie enthielten sich zudem aller Handelsschaft und anderer bürgerlicher Gewerbe, hätten dafür Kriegs- und Zivildienste übernommen. Mit der gleichen Begründung hat später Kaiser Karl VII. die Gleichrangigkeit der alten Frankfurter Patriziergesellschaft „Alt-Limpurg" mit dem stiftsfähigen Adel anerkannt [94: ebd., 233 f.]. Nach der Bestätigung der adligen Qualität durch den Kaiser mußte die Reichsritterschaft das Verhältnis zum Nürnberger Patriziat neu regeln. Sie beschloß, daß die „Neugeadelten, so in Banco oder sunsten Handel und Kaufmannschaft und andere Gewerbe der alten Turnierordnung und des alten teutschen Adels löblichem Herkommen zuwider treiben", nicht zu den Rittertagen eingeladen werden sollten [94: ebd., 235]. Damit wurde für die alten patrizischen Familien Nürnbergs die Ebenbürtigkeit anerkannt, doch wurde jede Familie, die aufgenommen werden wollte, von der Ritterschaft überprüft bezüglich Ahnenreihe, Teilnahme an Turnieren, eventueller nichtstandesgemäßer Heiraten oder gar Kaufmannschaft. Tatsächlich konnten mehrere Nürnberger Familien, wie die Geuder, Kreß, Welser, Tucher, Imhoff oder Holzschuher, die Immatrikulation und Rezeption bei der Reichsritterschaft erreichen.

2. Adel im Reich

Wollte ein Patrizier aber ein Amt beim Kanton übernehmen, so mußte er sein Bürgerrecht aufgeben, wie ENDRES [94: ebd.] nachgewiesen hat.

Auf dem Rittertag zu Heilbronn 1750 wurden die Aufnahmebedingungen von allen drei Ritterkreisen deutlich verschärft. Vor allem wurde nun bezüglich der Aufnahmegebühren deutlich zwischen altem und neuem Adel unterschieden, wobei nur noch die Adelserhebung durch den Kaiser und nicht durch einen Landesherrn anerkannt wurde. Ein neues Mitglied des Reichsadels mußte dem Kanton 2000 fl Aufnahmegebühr bezahlen, dem Ritterhauptmann 400 fl und der Kanzlei 50 fl, während ein altadliger Anwärter nur 300 fl für die Ritterschaftskasse und 300 fl für den Hauptmann zu hinterlegen hatte. Vor allem aber erhielt ein Altadliger sogleich Sitz und Stimme und volles aktives und passives Wahlrecht im Kanton, während ein Nobilitierter erst diese Rechte beanspruchen konnte, wenn er im Besitz eines Rittergutes von mindestens 6000 fl Wert war und wenn er 8 adlige Ahnen von Vater und Mutter nachweisen konnte, was bedeutet, daß erst nach drei Generationen die neuadlige Familie vollberechtigtes Mitglied der Reichsritterschaft wurde und damit Anrecht auf die Anrede „Vetter, Oheim und Schwager" erhielt [94: ENDRES, Adel und Patriziat, 236].

Verschärfung der Aufnahmebedingungen

Die merkwürdige Zwischenstellung der „Voigtländischen Ritterschaft" im ehemaligen Fürstentum Bayreuth sucht ENDRES [99: Voigtländische Ritterschaft] zu ergründen. Er kann aufzeigen, daß es im Interesse der Landesherren war, die etwa 100 Ritter im Landesverband zu halten und nicht zur reichsfreien Ritterschaft wechseln zu lassen, wie dies mehrfach von den benachbarten Reichsritterkantonen versucht wurde. Damit konnten reichsritterschaftliche Enklaven im Bayreuther Territorium verhindert werden. Die Ritter wiederum ließen sich ihre Bereitschaft, im Landesverband zu bleiben, mit reichen Privilegien und Freiheiten bezahlen, insbesondere mit weitgehenden wirtschaftlichen und finanziellen Zugeständnissen sowie der Freiheit von Steuern und Abgaben. Verglichen mit den hohen Leistungen der Reichsritterschaft für den Kaiser waren die vogtländischen Ritter eindeutig bevorzugt. Dagegen war das „Corpus Voitlandicum" unverkennbar nach dem Vorbild des Ritterkantons organisiert.

Corpus Voitlandicum

Das Ideal adliger Lebensweise konnte keineswegs von allen Familien gehalten werden. Kriege, Standesverpflichtungen, Aufwandssteigerungen und auch Verschwendungssucht ließen viele Familien verarmen. Vor allem der Dreißigjährige Krieg hat für viele

Adlige Lebensweise

der Familien den Ruin bedeutet, wie PRESS [58: Soziale Folgen, 246] hervorhebt und ENDRES [95: Folgen] mit Zahlen und Beispielen belegt. Viel Familienschmuck, der über den Krieg gerettet werden konnte, muße im 18. Jahrhundert verkauft werden, wie KOLLMER [102: Schwäbische Reichsritterschaft] aufzeigt. Dazu kamen die hohen Kosten für Studium und Ausbildung, die oft nur durch Kredite finanziert werden konnten. Dies galt auch bei einer militärischen Karriere. So mußte Carl Johann Friedrich von Gaisberg während seiner Militärzeit 25 000 fl aufnehmen. Eine große Rolle spielte aber auch der unverantwortlich übertriebene Luxus, der vor allem in den Städten und am Hofe gefordert und getrieben worden ist. Gegen 51 Ritter mußte der Kanton Neckar-Schwarzwald als erwiesene Verschwender vorgehen, und mancher Adlige verlor wegen schlechten Lebenswandels seine Adelsqualität. Nicht weniger als 130 000 fl verspielte Ferdinand Joseph von Rechberg, als er sich 1719 am Hofe in München aufhielt [102: KOLLMER, 199]. Das Leben und der barocke Pomp an den Höfen führten sehr häufig zur hohen Verschuldung der Ritter, während das Leben auf dem Lande bescheiden, ja sogar oftmals ärmlich war [220: ENDRES, Adelige Lebensformen]. KOLLMER nennt beeindruckende Beispiele aus dem ärmlichen Alltag schwäbischer Ritterfamilien.

2.5 Adel und Reichskirche

Stiftsfähigkeit Um die Frage, ob die Stiftsfähigkeit an einzelne Familien oder an Personen gebunden sei, gab es eine lange und heftige Kontroverse. FREIHERR VON DUNGERN stellte schließlich heraus, daß der Begriff „Stiftsfähigkeit" oder „stiftsfähiger Adel" nie rechtlich festgelegt worden sei. Er meint, stiftsfähig sei eine Familie, die alt genug sei, um eine Ahnenprobe bestehen zu können. Dagegen kann VEIT [302: Stiftsmäßigkeit] Familien benennen, die die Ahnenprobe bestanden und trotzdem nicht zu den Kapiteln zugelassen wurden. Der von GRÄFIN DOHNA [285: Ständische Verhältnisse] übernommene Begriff der Stiftsmäßigkeit einzelner Familien muß also differenzierter betrachtet werden, wie ARETIN [284: Heiliges Römisches Reich, 82] betont. Im allgemeinen galt als stiftsfähig, wer seinen Adel durch fünf Generationen nachweisen konnte [284: ebd.].

Im Laufe des 18. Jahrhunderts behauptete die Reichsritterschaft ihre Stellung in den geistlichen Territorien, indem sie den Zugang von Prinzen und von Neuadligen erschwerte, wie GRÄFIN DOHNA [285: Ständische Verhältnisse, 32, 65 f.] hervorhebt. Nobilitierten Fa-

2. Adel im Reich

milien sperrte sie die Domkapitel durch eine Verschärfung der Ahnenprobe. Während im 16. Jahrhundert die 4-Ahnen-Probe genügte, belegt durch die Aufzeichnung in den Turnierverzeichnissen, erhöhte man später die Ahnenprobe auf 6, 8, 16 oder gar 32 adlige Ahnen, wofür RAAB [298: Clemens Wenzeslaus, 311] zahlreiche Beispiele benennt. Mainz und Bamberg verlangten 16, Würzburg 8 Ahnen [288: FEINE, Besetzung, 12–23]. Dem Bestreben der altadligen Familien, die Stiftsfähigkeit einzuschränken, stand das Interesse des Kaisers gegenüber, auch den von ihm Nobilitierten den Zugang zu eröffnen. Doch er scheiterte am Widerstand der Ritter.

Die Absperrung gegenüber den Prinzen aus hochadligen Familien hing mit der Angst vor Säkularisationen zusammen. So hatte das Salzburger Domkapitel eine Ausschlußklausel gegen österreichische und bayerische Prinzen erlassen, die jedoch vom Reichshofrat kassiert wurde [284: ARETIN, Heiliges Römisches Reich, 83]. Doch wurden in Trier im 16. Jahrhundert 68 reichsfürstliche Domherren aufgeschworen, im 17. Jahrhundert nur noch 9 und im 18. Jahrhundert gar nur einer [285: DOHNA, 65]. Zuletzt scheiterte der Wettiner Clemens Wenzeslaus am Widerstand der ritterschaftlichen Domherren, als er die rheinischen Bistümer als geistliche Secundogenituren gewinnen wollte, wie RAAB [298: Clemens Wenzeslaus, 307–316] aufgezeigt hat.

Die häufige Kumulierung von Domherrenstellen war nach Meinung VON ARETINS [284: Heiliges Römisches Reich, 84] weniger ein Zeichen der Geldgier des Reichsadels, sondern politisch orientiert. „Damit wurde die Reichskirche verklammert." Der Eintritt in ein Domkapitel war von der Familie geplant, die spätere Wahl zum Bischof dann ein Glücksfall. Mit dem Besitz von mehreren Domherrenstellen wuchs aber auch die Chance, zum Bischof gewählt zu werden.

Durch die Reformation und die Umwandlung in ein weltliches Herzogtum verlor der Deutsche Orden seine Ostseeländer Preußen und Livland und blieb auf seine deutschen Balleien beschränkt. Aber auch in Sachsen und Thüringen wurden die Ordensbesitzungen evangelisch, in Hessen war der Orden sogar trikonfessionell, und das Amt des Landkomturs alternierte. In den fränkischen Balleien war der Besitz des Deutschen Ordens reichsunmittelbar, und der katholische Deutschmeister besaß als Reichsfürst Sitz und Stimme auf dem Reichstag und im Fränkischen Kreistag. Seit Erzherzog Maximilian von Österreich Hochmeister in Mergentheim war (1590–1618), war die Adelskorporation des Deutschen Ordens

Deutscher Orden

bis zum Ende des Alten Reiches meist eine Sekundogenitur für die Habsburger Erzherzöge, wie HOFMANN [289: Staat des Deutschmeisters] betont. Politisch war der Deutsche Orden ein Instrument der Habsburger. „Voraussetzung für die Aufnahme als Ordensritter war die Zugehörigkeit zum niederen Reichsadel und der Nachweis von 16 ritterbürtigen Ahnen. Fürstlicher Abkunft durfte allein der Hochmeister sein" [287: ENDRES, Geistliche Fürstentümer, 392].

Patronage der Schönborn   Mit Hilfe der Patronage bauten die Schönborn ihre Stellung in den geistlichen Territorien am Main und Rhein zielstrebig auf und aus [299: SCHRÖCKER, Patronage]. Dabei entstand ein dichtes und weitreichendes Beziehungsnetz mit den Verwandten und zahlreichen befreundeten adligen Familien, aber auch mit den Spitzenbeamten in den Territorien. SCHRÖCKER benannte einen Beziehungskreis von einigen hundert Personen, die den Schönborn verpflichtet waren und umgekehrt. Besonders gepflegt aber wurden die Beziehungen zu den Familien, die in den Domkapiteln von Mainz, Würzburg und Bamberg saßen oder auch in Trier, Worms und Speyer [299: ebd., 180f.]. Lothar Franz vor allem arbeitete mit den Familien zusammen, die sich als bischofsfähig erwiesen. Dazu kamen die zweiseitigen Beziehungen zum Kaiserlichen Hof in Wien und zur Römischen Kurie. So wurde über Friedrich Karl als Reichsvizekanzler in Wien seit 1705 am Kaiserlichen Hof ein enger Anhängerkreis der Schönborn aufgebaut.

Nach ARETIN [284: Heiliges Römisches Reich, 79–82] überwog für die katholischen Reichsritter bei der kirchlichen Karriere die politische Bedeutung des Kirchenamtes, während für den landsässigen Adel die Versorgung mit den reichen Pfründen im Vordergrund stand. Sie waren hauptsächlich nur „Pfründenesser", und die evangelischen Stifter besaßen keine politische Bedeutung, sondern waren reine Versorgungsanstalten, wie schon ROTH VON SCHRECKENSTEIN [114: Reichsritterschaft, 426–429] hervorgehoben hat. Auch weist ARETIN [284: ebd.] darauf hin, daß in die Domkapitel noch einige *Doctores* aufgenommen werden konnten, doch nur in Brixen konnten diese auch Bischof werden. In Regensburg wurden die letzten nichtadligen Domherren 1668 in das Domkapitel aufgenommen, während es in Augsburg dem Patriziat nach langem Kampf gelang, endlich 1743 von den insgesamt 40 Domherrenstellen 10 reserviert zu erhalten [284: ebd.].

3. Adel in den Territorien

3.1 In den österreichisch-böhmischen Erblanden

In den österreichisch-böhmischen Erblanden war bis zur Gegenreformation der einheimische Adel eindeutig die politisch, wirtschaftlich und gesellschaftlich bestimmende Oberschicht [131: PRERADO-   Herren und Ritter
VICH, Adel, 200–215]. Nach PRESS [132: Adel in den Erblanden, 19–32] besaß die österreichische Adelslandschaft mit ihrem ausgeprägten Herrenstand eine deutliche Affinität zu Ostmitteleuropa. Als Rudolf II. 1567 den Hof nach Prag verlegte, bedeutete dies eine spürbare Verlagerung des Schwerpunktes der Herrschaft nach Osten, aber zugleich auch ein stärkeres Zusammenwachsen mit dem böhmischen Herrenadel [132: PRESS, ebd., 20]. Die Türkenabwehr und die Türkensteuern, die in immer kürzeren Abständen und in steigender Höhe gefordert und eingezogen wurden, brachten eine weitere Stärkung der Macht des Adels, wie W. SCHULZE [136: Türkengefahr] überzeugend nachgewiesen hat. Grundlage der adligen Position aber war und blieb die Herrschaft über Land und Leute, vor allem über untertänige Bauern. Im Zeichen der Agrarkonjunktur des 16. Jahrhunderts suchte auch der österreichische Adel die Robot der Bauern auszuweiten und die Eigenwirtschaft auszubauen, was aber nur in Grenzen gelang [235: KNITTLER, Adelige Grundherrschaft im Übergang, 84–111; 122: GRÜLL, Robot]. Doch konnten die gewerblichen Wirtschaftsformen der Grundherrschaften ausgebaut und für die Gewerbebetriebe Monopole errichtet werden, wie KNITTLER [234: Adel und landwirtschaftliches Unternehmen, 45–72] nachgewiesen hat. Noch stärker ausgebildet aber waren die „frühkapitalistischen Wirtschaftsweisen" in Böhmen, da dort die Robot stärker eingesetzt werden konnte [135: RICHTER, Die böhmischen Länder, 99 f.].

„Die evangelischen Adeligen in den Donauländern erhielten   Ständische
im Jahre 1568 – denen im Lande unter der Enns wurde es 1571 aus-   Autonomie und
drücklich bestätigt – vom Landesfürsten Privilegien, nach denen sie   Reformation
auf ihren Besitzungen das – zwar nicht so bezeichnete, aber annähernd so beschriebene – Jus reformandi ausüben durften. Gleichzeitig wurde ihnen – als Gesamtheit, wie jedem einzelnen – das Recht der Leitung der kirchlichen Angelegenheiten zugesprochen. Die Gewalt des Patronatsherrn wurde also auf jene Angelegenheiten ausgedehnt, die – etwa im Bereich der Stellenbesetzung – dem Bischof zugekommen waren" [134: REINGRABNER, Der evangelische Adel, 196].

"Wichtig – und für das Erscheinungsbild des niederösterreichischen Protestantismus von großer Bedeutung – war die Sorge um die Schulen", die vom protestantischen Adel eingerichtet wurden [134: ebd., 198]. Die adligen Stände richteten sogar in den österreichischen Landesteilen eigene Lateinschulen, die sog. "Landesschulen", ein, die ursprünglich nur für junge Adlige gedacht waren, bald aber auch von Bürgerlichen besucht wurden, die später evangelische Pfarrer werden wollten [126: HEISS, Konfession, Politik und Erziehung, 13–65]. "Ende des 16. Jahrhunderts bereits nahm die Schulbildung einen gesicherten Platz im Selbstverständnis des Adels ein" [125: HEISS, Bildungsverhalten, 139–157].

Bald aber setzte die Gegenreformation ein, ausgehend von der Steiermark, wo bereits 1601 alle evangelischen Prediger und Lehrer vom Landesherrn ausgewiesen wurden. Vor allem durch gezielte Standeserhebungen suchte der Kaiser die konfessionellen Verhältnisse und das politische Verhalten im Adelsstand zu verändern, voran im Ritterstand, was bisher kaum beachtet worden war und was MACHARDY mit Recht als Forschungslücke beklagt. Da die Habsburger den Religionsbann in ihren Landen nicht durchsetzen konnten und dem Adel weitgehende Religionsfreiheiten zugestehen mußten, suchten sie seit etwa 1580 die Stände zu spalten und vor allem den katholischen Anteil zu stärken [129: MACHARDY, Status, Konfession und Besitz, 56–83]. 1580/83 zählte der niederösterreichische Ritterstand 197 Familien mit 281 volljährigen männlichen Mitgliedern. 1619/20 waren es nur noch 128 Familien mit 224 männlichen Mitgliedern. Tatsächlich aber gehörte nur noch rund ein Drittel der Familien von 1580 auch noch 1620 zum Ritterstand, denn 33 Familien waren in den Herrenstand aufgestiegen, und beinahe die Hälfte war ausgestorben oder ausgewandert.

Dabei waren im 16. Jahrhundert deutliche Anzeichen zu finden, wie MACHARDY hervorhebt, daß der Ständeadel sich sozial abschloß. Denn die alten Familien befürchteten durch zu viele Neuaufnahmen von Aufsteigern das Anwachsen eines unbegüterten Adels, wie dies deutlich im Salzburgischen zu beobachten war. Deshalb wurden zwischen 1580 und 1620 nur 78 neue Familien vom Niederösterreichischen Ritterstand inkorporiert, die allerdings überwiegend katholisch waren [129: ebd., 67].

Rittergüter kosteten um 1600 zwischen 5000 und 10000 Gulden, und die Einnahmen aus der Grundherrschaft erbrachten rund 1000 Gulden jährlich, wie KNITTLER [235: Adelige Grundherrschaft im Übergang, 84–111] nachweisen kann. Da ein Kaiserlicher Rat

Gezielte Standeserhebungen von Katholiken

einen jährlichen Sold von rund 1300 Gulden erhielt, stand fast ein Drittel der Ritter aus wirtschaftlichen Gründen in landesfürstlichen Diensten, und fast ein Zehntel der Ritter hatte ständische Ämter inne. Der kaiserliche Hof aber bevorzugte eindeutig Katholiken für die Amtsstellen.

Allerdings war der tradierte Anspruch des Adels, der geborene Berater des Fürsten zu sein, im 16. Jahrhundert fragwürdig geworden. Die Landesfürsten verlangten nun für ihre Amtsstellen auch vom Adel eine entsprechende Ausbildung. 1580 hatte erst ein Zehntel der Ritter in Niederösterreich eine Universität besucht, aber 1620 war er bereits ein Fünftel, wobei es überrascht, daß die Katholiken einen deutlichen Vorsprung hatten, wie MACHARDY [129: Status, Konfession und Besitz, 72–74] auf breiter Grundlage und überzeugend belegen kann. Sie unterscheidet sich hier von den Ergebnissen von KOHLER [128: Bildung und Konfession], nach dessen Berechnungen über die Hälfte der protestantischen Ritter und Herren eine Universität besucht und der Bildungsgrad des evangelischen Adels deutlich vor dem des katholischen Adels gelegen haben soll. Doch mit Recht macht MACHARDY [129: ebd., 72f.] darauf aufmerksam, daß KOHLER bei seinen Forschungen eine zu niedrige Anzahl von Ständemitgliedern ausgewählt habe, so daß sein statistisches Material unzureichend sei. Außerdem habe er die Studien und Aufenthalte an italienischen Universitäten nicht berücksichtigt, die gerade bei den jungen katholischen Adligen aber eine große Rolle gespielt haben. MACHARDY kommt zu dem abschließenden Ergebnis, daß der katholische Adel auf dem Weg über die Bildung und durch die gezielten Standeserhöhungen des Kaisers die protestantischen Ritter und Herren schon vor 1620 weitgehend aus den Ämtern verdrängt hatte. Der Anstieg des Bildungsniveaus im katholischen Ritterstand eröffnete sogar zahlreichen Karrieren im Reichshofrat oder in anderen wichtigen Positionen, wie an Einzelschicksalen oder Biographien bewiesen werden kann [129: ebd., 74].

Ausbildung

In Böhmen war der Adel ebenfalls sehr mobil, und die Ständegesellschaft geriet auch schon vor dem Dreißigjährigen Krieg in Bewegung, wie Richter mit überzeugenden Zahlen belegen kann. Dabei gehörten dem Adel drei Viertel Böhmens. Davon gebot der Herrenstand in der 2. Hälfte des 16. Jahrhunderts über mehr als die Hälfte und der Ritterstand über ein Drittel des nicht unmittelbar dem Landesherrn unterstehenden Landes. Neben den Familien des Herrenstands gab es rund 1500 Ritter, die sich jedoch zwischen 1577 und 1615 auf 1040 Familien verringerten. Vielfach wurden ihre Be-

Hohe soziale Mobilität in Böhmen und den Erblanden

sitzungen von den Herren aufgekauft. Aber auch die Zahl der Herren war im Rückgang begriffen. Im gleichen Zeitraum sank die Zahl der Herrenfamilien von 69 auf 32. 37 Familien hatten ihren Besitz verloren oder waren ausgestorben, wie die Rosenberger, Neuhaus, Schellenberg oder Lobkowitz-Hassenstein. Die Verluste wurden jedoch durch Aufsteiger und neuaufgenommene ausländische Herren wieder ausgeglichen, wie etwa durch die Familien Kinsky, Kaunitz, Hohenlohe, Kolowrat, Redern oder Thurn. Auch der Ritterstand ergänzte seine Lücken. Zwischen 1520 und 1620 wurden 311 Personen in den Ritterstand aufgenommen, die jedoch nicht sofort auch landsässig wurden. 40% der neuen Ritter trug deutsche Namen, die Mehrzahl waren Tschechen [135: RICHTER, Die böhmischen Länder, 240–245]. Viele der neuen Familien im Herren- und Ritterstand identifizierten sich mit der ständisch-protestantischen Bewegung in Böhmen und traten als engagierte Wortführer für die ständischen Freiheiten und die Reformation auf, voran Heinrich Mathias Thurn und Linhart Kolon.

Als 1618 mit dem „Prager Fenstersturz" der Widerstand der böhmischen Stände offen ausbrach, schlossen sich auch weite Teile des erbländischen Adels dem Aufstand an. In Oberösterreich wollten die Stände Ferdinand nicht einmal als Landesherrn anerkennen. Tschernembl formulierte das Konzept einer adligen Mitregierung [137: STURMBERGER, Tschernembl]. Mehr als die Hälfte der evangelischen Ritter kämpfte sogar aktiv in der konföderierten Armee [129: MACHARDY, Status, Konfession und Besitz, 75]. Nach der Schlacht am Weißen Berg 1620 wurden gegen die Rebellen Todesurteile und Landesverweisungen ausgesprochen. Der evangelische Adel wurde vor die Alternative Konversion oder Auswanderung gestellt.

„Auch für den evangelischen Adel der österreichischen Erblande kam das Ende seiner konfessionellen Autonomie. 1621 wurden in Oberösterreich die evangelischen Adeligen aus der Landesverwaltung gedrängt, später in Niederösterreich" [132: PRESS, Adel in den Erblanden, 26]. „Seit 1629 durfte kein Evangelischer mehr Mitglied des niederösterreichischen Landtags werden, und 1631 wurde die katholische Erziehung der Kinder verstorbener evangelischer Adeliger vorgeschrieben. Nach dem Dreißigjährigen Krieg wanderten die letzten evangelischen Adeligen aus, und die Katholisierung wurde abgeschlossen. 1701 verließ der letzte evangelische Adelige Niederösterreich" [132: ebd., 26]. In Niederösterreich hatte ein vollkommener Austausch des Niederadels stattgefunden, denn die katholisch verbliebenen Ritterfamilien waren mit dem Aufstieg

3. Adel in den Territorien

in den Herrenstand honoriert worden, und die alten evangelischen Familien waren ausgewandert.

In Österreich ob und unter der Enns veränderte sich so grundlegend das Verhältnis von Herrenstand und Ritterstand. Im Jahre 1415 standen den 43 Herrenfamilien genau 167 Ritterfamilien gegenüber, im Jahr 1818 aber gab es 224 Herrenfamilien und nur noch 118 Ritterfamilien. Der Herrenstand war das prägende Element im Adelsstand der Erblande geworden. Dies gilt auch für Kärnten und die Steiermark, wie HASSINGER [124: Ständische Vertretungen, 258–262] betont. In Kärnten waren 1596 insgesamt 20 Herrenfamilien und 106 Ritterfamilien immatrikuliert. Durch zahlreiche Standeserhebungen aber wuchs bis 1726 die Zahl der Herrenfamilien auf 176 an, denen 191 Ritterfamilien gegenüberstanden, so daß fast ein zahlenmäßiges Gleichgewicht erreicht wurde. Im Erzbistum Salzburg dagegen macht die Ritterschaft allein den Adel aus, wie HASSINGER [124: ebd., 261] hervorhebt. Hier fehlte der Herrenstand.

Der verbliebene alte Adel aber zog sich mehr und mehr zurück. So waren von den 37 Feldmarschällen, die im Laufe des Dreißigjährigen Kriegs ernannt wurde, nur noch 3 aus dem Lande. Von den 75 Feldmarschällen, die zwischen 1700 und 1740 vom Kaiser ernannt wurden, stammten nur 9 aus einheimischen Geschlechtern und davon schon 3 aus dem Briefadel [131: PRERADOVICH, Adel, 201].

Bestimmt wurden jetzt die politisch-militärischen Eliten in den österreichisch-,böhmischen Erblanden von internationalen Adelsfamilien. PRERADOVICH bezeichnet jedoch die Eliten-Forschung in Österreich als ausgesprochene Forschungslücke. „Die Pflege dieses Zweiges der Geschichtswissenschaft wird bisher in Österreich kaum betrieben" [275: Die politisch-militärische Elite, 394]. „Man ist somit gezwungen, selbst eine kleine Eliten-Forschung zu unternehmen: Haugwitz stammt aus der Meißener Mark, Kaunitz aus Mähren – seine Mutter aus friesischem Grafengeschlecht. Bartenstein wurde in Straßburg geboren, seine Familie kommt jedoch aus Thüringen. Daun ist Rhein-, Laudon Livländer. Die Lacy stammen von der Grünen Insel. Gerhard van Swieten endlich ist Niederländer und Emanuel da Sylva Portugiese" [275: ebd., 394]. Weiterhin konstantiert PRERADOVICH: „Bemerkenswert erscheint es, daß die Träger der großen Kämpfe und Erfolge, die die Habsburger seit der zweiten Wiener Türkenbelagerung im Südosten Europas errungen haben, zum größten Teil aus dem Westen des Reiches gekommen sind. Dies gilt für Karl von Lothringen, dies gilt ebenso von seinen Schülern, dem eigenwilligen Kurfürsten Max Emanuel von Bayern

Adelsforschung als Forschungslücke?

und dem Markgrafen Ludwig von Baden." Dies gilt vor allem aber für den herausragenden Prinzen Eugen von Savoyen. Abschließend beurteilt PRERADOVICH die Forschungslage zur Eliten-Forschung: „Zur Zusammenfassung dieser Feststellungen auf dem einen oder anderen Gebiet spezieller Forschung ist bisher in der Zweiten Republik Österreich noch nicht allzuviel getan worden" [275: ebd., 394]. Dieses harsche Urteil ist jedoch nicht mehr berechtigt, denn durch die Arbeiten etwa von GRETE KLINGENSTEIN, HANS LUTZ, HERBERT KNITTLER und ihrer Schüler ist die Erforschung des erbländischen Adels in den letzten Jahren deutlich vorangetrieben worden, wie auch die erfolgreiche Landesausstellung auf der Rosenburg 1990 zeigt [42: ADEL IM WANDEL].

Der kaiserliche Hof als Zentrum der Adelsgesellschaft

Zentrum der internationalen Adelsgesellschaft und des erbländischen Hochadels wurde der kaiserliche Hof in Wien. „Der Hof hatte unter den Bedingungen des Westfälischen Friedens seinen Sieg über den Adel festschreiben können; das Prinzip der ausschließlichen Katholizität hatte sich durchgesetzt. Sie prägte fortan in starkem Maße das Gesicht des Hofes und der ihn dominierenden Aristokratie. Der Katholizismus wurde überdies ein wichtiges Band, das Herrscherfamilien und Adel verklammerte – bei gottesdienstlichen Verrichtungen, in Frömmigkeitsformen, in Bruderschaften und geistlichen Übungen" [132: PRESS, Adel in den Erblanden, 27]. „Die Spitzenpositionen am Hof und in den Behörden wurden aus der hohen Aristokratie besetzt; der österreichisch-böhmische Hochadel unterwarf sich den Spielregeln des Hofes. Die traditionelle Attraktion des Hofes, gipfelnd in künstlerischen, kulturellen, musikalischen Leistungen, prägte zutiefst den erbländischen Adel" [132: ebd., 28]. Auch die königlich-böhmische Hauptstadt Prag, die formal ihre Stellung als Residenz beibehielt, blieb ein wichtiger Anziehungspunkt für den Adel in Böhmen und Mähren. „Jagd, geselliges Treiben, Tanz, Gastereien, Luxus und Prachtentfaltung, aber auch Musik, Theater, schöne Künste und Bauwerke waren die großen Leidenschaften der adeligen Gesellschaft der böhmischen Länder jener Zeit" [135: RICHTER, Die böhmischen Länder, 357].

Die dominierende Rolle des Herrenstands blieb erhalten, wobei die ganz großen Familien aufgrund ihrer besonderen Nähe zum Kaiser wiederum hervorragten: die Dietrichstein, Schwarzenberg, Lobkowicz, Auersperg oder Liechtenstein [82: PRESS-WILLOWEIT, Liechtenstein]. Sie konnten sich andererseits immer wieder auf ihre ausgedehnten Güter zurückziehen, um ihre Unabhängigkeit und Eigenständigkeit zu betonen. Denn in seiner lokalen Machtstellung blieb der Adel uneingeschränkt und bezog von hier verstärktes Selbstbewußtsein.

Nach PRESS „war die Position des österreichisch-böhmischen Adels weitaus dynamischer als jene des Adels im Reich, wo der Westfälische Friede und seine Festschreibung rechtlicher Traditionen sozial-konservativ wirkte" [132: PRESS, Adel in den Erblanden, 29]. Er macht weiterhin darauf aufmerksam, daß es enge Verbindungen zwischen dem Adel im Reich und dem Adel in Österreich und vor allem in Böhmen gab, denn der kaiserliche Hof und der reiche Besitz in Böhmen zogen den Adel aus dem Reich an. Doch dieser mußte im 17. und 18. Jahrhundert katholisch sein, was dazu führte, daß seit dem ausgehenden 17. Jahrhundert der evangelische Adel im Reich sich zunehmend an Brandenburg-Preußen orientierte [132: ebd., 30f.].

Als abschließendes Ergebnis seines Überblicks und Vergleichs zwischen dem österreichisch-böhmischen Adel und dem Adel im Reich konstatiert PRESS: „In der Monarchie wie im Reich hat der Absolutismus die Rolle des Adels zwar verändert, aber nicht beseitigt. Daß er als tragende Schicht Mitteleuropas noch unersetzbar war, mußte sogar noch Napoleon zur Kenntnis nehmen. Der Adel hat somit eine beträchtliche sozialgeschichtliche Wirkungskraft entfaltet – vor allem in der Habsburgermonarchie. Er erlitt zwar in den konfessionellen und ständischen Kämpfen schließlich nach 1620 eine spektakuläre Niederlage, behauptete aber in der Symbiose mit dem katholischen Kaiserhof dann doch seinen sozialen und politischen Einfluß. Die österreichischen und böhmischen Länder bedeuteten ausgeprägte Adelsregionen in Europa, und das hat sie zutiefst geformt" [132: ebd., 31].

3.2 Die Junker in Ostelbien

Die kritische Frage nach der Funktionstüchtigkeit und der Geschichtsmächtigkeit des Adels in einem in Aufstieg und Fall gleichermaßen paradigmatisch bedeutsamen Staatswesen wie Brandenburg-Preußen ist von der älteren Forschung nur beiläufig gestellt worden; ihr Blick ruhte vornehmlich auf den Herrschern, ihren ersten Ratgebern und den bewegenden politisch-militärischen Aktionen. „Hinter den besonders im 19. Jahrhundert von Archivfunden und Familienaufträgen bestimmten Zusammenstellungen und Spezialuntersuchungen stand kein klar abgegrenztes Forschungsziel." So charakterisiert HEINRICH [154: Adel, 259] die ältere Forschungslage. Er macht weiterhin darauf aufmerksam, daß erst OTTO HINTZE [157: Hohenzollern, 193-246] auf die Problematik des Adels als einer herrschenden und einer nichtherrschenden „Führungsschicht" hingewiesen und diese Frage in den Vordergrund des Forschungsinteresses gerückt hat. Das Verhältnis von Adel und Monarchie oder der preußische Absolutismus sind trotz intensiver Forschungen noch immer ein Thema, das sich anhaltender Aufmerksamkeit erfreut. Dies gilt um so mehr, als die Arbeiten von O. HINTZE, F. HARTUNG, C. HINRICHS und ihrer zahlreichen Schüler heute Forschungsrichtungen an die Seite treten, die mehr sozialgeschichtlich ausgerichtet sind und mit den Methoden der amerikanischen Sozialwissenschaft arbeiten. Dies gilt vor allem für die eigenwillig überspitzte, scharfsinnige, geistvolle, aber auch sehr anregende Untersuchung zum Verhältnis von Krone und Altar von HANS ROSENBERG [161: Aristocracy], die lange Zeit in Deutschland unbeachtet blieb. ROSENBERG wirft der deutschen Forschung vor, sie sei zu apologetisch gegenüber Preußen geblieben. Er stellt die Frage nach dem fortwirkenden Erbe der preußischen Geschichte und hebt dabei die Rolle der Bürokratie und die „übermäßige Militarisierung der Gesellschaft" hervor. Aus der ständischen Gesellschaft habe sich im Absolutismus die Bürokratie als Beamtenstand entwickelt, die sich nach der Regierung König Friedrichs II. als vornehmste politische Elitenschicht mit eigenem Selbstbewußtsein verstand und Anspruch auf die führende Rolle im Staatsleben erhob. Das Bild des selbstregierenden absoluten Monarchen verschwindet so hinter den Grenzen seiner Macht durch die Bürokratie. Der rittergutsbesitzende Adel habe sich zu einer „Plutokratie" entwickelt. HERZFELD und BERGES meinen in ihrer kritischen Besprechung, der „Grundtenor des Werkes ist bestimmt durch den Untergang Preußens 1947". Eine wichtige, aber auch kritische Darstellung bis zum Ende der Regierung des Großen Kurfürsten bietet FRANCIS L. CARSTEN [147: Entstehung], der neuerdings auch mehrere Aufsätze zur Geschichte der Junker vorgelegt hat [148: Junker]. Materialreich, aber auch stark apologetisch ausgerichtet, ist das Werk von WALTER GÖRLITZ über die Junker [150: Die Junker], das sich an ein breiteres Publikum wendet. HEINRICH bietet einen verdienstvollen Überblick [154: Adel].

Neue Forschungen

Starkes Interesse in der Forschung hat das Ständewesen in den einzelnen Landesteilen gefunden, wobei vor allem die Untersuchungen von BAUMGART und BIRTSCH hervorgehoben werden müssen, sowie die Frage der Durchsetzung des monarchischen Absolutismus

3. Adel in den Territorien

[141: BAUMGART, Kurmärkische Stände] oder des Verhältnisses von Landesherrschaft und lokaler Adelsherrschaft [153: HAHN, Territorialhoheit]. Die Forschung in der ehemaligen DDR beschränkte sich weitgehend auf die Untersuchung der Gutswirtschaft und der Gutsherrschaft, der sogenannten „Zweiten Leibeigenschaft" [224: HARNISCH, Gutsherrschaft; 165: VOGLER/VETTER, Preußen; 164: VETTER, Kurmärkischer Adel].

„Die Frage, wer die preußischen Junker waren und was sie geleistet haben, hat viele Historiker und Sozialwissenschaftler beschäftigt, und im Laufe der Zeit ist das Wort Junker zu einem politischen Schlagwort geworden" [148: CARSTEN, Junker, 9]. Ursprünglich aber bedeutet „Junker" nicht mehr als „Junger Herr" und war keineswegs auf den deutschen Osten beschränkt. Im allgemeinen war Junker eine Standesbezeichnung vor allem des ostdeutschen Adels seit dem ausgehenden Mittelalter, ohne jegliche politische Nebenbedeutung. *Junker*

Zu Beginn der Neuzeit setzte sich der brandenburgische Adel aus einigen Grafen und Herren und einer Vielzahl von Ritterfamilien zusammen, von denen viele seit der Kolonisationszeit ansässig waren. Viele Ritter waren infolge der sinkenden Grundrenten verarmt. Mit einer kleinen Gruppe von Rittern, die ihre Armut mit Fehden und Überfällen auszugleichen suchten, mußte sich Kurfürst Joachim I. (1499–1535) auseinandersetzen. Er ließ die Anführer in Haft setzen und sogar einige hinrichten, was großes Aufsehen im Lande und im ganzen Reich erregt hat. HINTZE [157: Hohenzollern und Adel, 499] spricht von den „Agonien des alten kriegs- und fehdelustigen, gesetzlosen und verwegenen Feudaladels", von den unausweichlichen Begleiterscheinungen jenes Umwandlungsprozesses, der den Adel zur Aufgabe seiner Ritterfunktion zwang, was nur bedingt richtig ist.

Die Einführung der Reformation 1539 in der Kurmark erfolgte hauptsächlich auf Druck des Adels, der an Säkularisierungen interessiert war. Einige der großen Familien hatten um 1550 etwa 30 Klöster und Ämter als Pfandbesitz oder Eigentum inne, während der Dorfadel praktisch leer ausging [154: HEINRICH, Adel, 273]. CARSTEN [148: Junker, 26] schätzt, daß in der Mark 40% des Kirchenbesitzes in Adelshände wechselten. Als der Adel aber versuchte, die Finanznot des Landesherrn auszunützen und Einfluß auf die zu bildende Kirchenverfassung zu gewinnen, konnte der Landesfürst dies verhindern. Nur zwischen 1540 und 1560 bestand die Gefahr einer „Junkerkirche", doch dann setzten sich das landesherrliche Kirchenregiment und die geistliche Gewalt des Fürsten durch, was eine deutliche Schwächung des Adels bedeutete, wie HEINRICH hervorhebt [154: Adel, 273].

Insgesamt zog der Landesherr in Brandenburg 52 Klöster ein, 5 Klöster wurden für den Adel in Fräuleinstifter umgewandelt, ein Kloster erhielt die Fürstenschule in Joachimsthal und zwei Klöster die Universität in Frankfurt. Im Besitz des Adels verblieben vier Klöster, und die Domkapitel von Havelberg und Brandenburg bewahrten ihren Besitzstand als evangelische adlige Institute wie auch der Johanniterorden [154: ebd., 97–101].

Schloßgesessene Familien Die Macht des Adels, voran der „beschlossenen" oder „schloßgesessenen" Familien, also der Geschlechter mit Schlössern und einer Reihe besonderer Privilegien, verdeutlicht auch ihr Landbesitz. Um 1540 waren in Brandenburg 259 Geschlechter ansässig. Dieser Adel besaß gut drei Fünftel aller Orte. Der Besitz des Landesherrn und der Adelsbesitz verhielten sich wie 1:8 [154: ebd.]. Zu den schloßgesessenen Familien zählten etwa die Schulenburg, Alvensleben, Knesebeck, Bismarck, Gans von Putlitz, Quitzow, Klitzing, Bredow, Trott, Bellin, Arnim, Schlabrendorf, Pfuel, Rochow, Kalkreuth, Löben, Lossow, Waldow, Sydow, von der Marwitz und Borcke, um nur einige bekanntere Namen herauszugreifen.

Die beherrschende Stellung, die der Adel im 16. und beginnenden 17. Jahrhundert in Kurbrandenburg einnahm, beruhte in erster Linie auf seiner wirtschaftlichen Stärke, wie CARSTEN [148: Junker, 22 f.] betont. Aber auch viele „Zaunjunker" versuchten, an der Agrarkonjunktur teilzuhaben. „Die breite Unterschicht der dörflichen ‚Zaunjunker' besaß neben einem oder mehreren Eigenhöfen Anteile an Diensten und Abgaben und ließ die Äcker von Dorfkossäten und angeworbenen Gutsgesinde bestellen", konstatiert HEINRICH [154: ebd., 274].

Von der Grundherrschaft zur Gutswirtschaft Die Entwicklung von der Grundherrschaft zur Gutswirtschaft oder zur Gutsherrschaft aber schafften vor allem die großen Junkerfamilien. Sie ließen auf Wüstungen Vorwerke anlegen, auf denen in beträchtlichem Umfang Getreideanbau und Viehwirtschaft betrieben wurde, wie HAHN [152: Struktur, 52 ff.] belegen kann. Sie kauften Bauern aus, zogen verlassene Stellen ein, wandelten Abgaben um und erhöhten die Dienste. Die Eigenwirtschaften wurden infolge der steigenden Getreidepreise immer lukrativer und attraktiver, und ihre Zahl wuchs gegen Ende des 16. Jahrhundert stark an [147: CARSTEN, Entstehung, 128–130]. Vor allem aber übernahmen die Junker den Vertrieb ihrer Produkte und auch derjenigen ihrer

3. Adel in den Territorien

Hintersassen. Der lukrative Landwarenhandel war fest in der Hand der Junker, die sich als Kaufleute betätigten und die Städte aus dem Handel verdrängten. Schließlich haben die Junker sogar den freien Getreideexport und das Monopol für den Ankauf der bäuerlichen Erzeugnisse durchgesetzt, wie HAHN [152: Struktur, 160] hervorhebt. Geschickt nutzten sie dabei ihre Privilegien aus, wie HAHN [152: ebd., 78–96] an konkreten Beispielen belegen kann. So besaß etwa Rochus Graf Lynar das Monopol auf den Salzhandel in der Mark Brandenburg, andere Junker beteiligten sich an Hüttenwerken und am Vertrieb von Metallwaren. Allerorts aber ließen die Junker auf ihren Gütern Bier brauen und verboten den Bierverkauf der Städte.

Der Auf- und Ausbau der Eigenwirtschaften war aber nur möglich, wenn billige Arbeitskräfte zur Verfügung standen. Deshalb begann der Adel die Frondienste seiner Hintersassen zu erhöhen auf zwei Tage und mehr in der Woche [147: CARSTEN, Entstehung, 129] und verschärfte eigenmächtig die Forderungen an seine Hintersassen, insbesondere die Durchsetzung der Schollenpflicht, um das Davonlaufen zu stoppen, ohne daß der Landesherr eingriff [152: HAHN, Struktur, 105]. In den ostelbischen Gebieten gab es rund 5300 adlige Herrschaftseinheiten oder Gutsherrschaften, während die Zahl der Rittergüter höher lag. Denn nicht alle Rittergüter waren auch Gutsherrschaften. An die Gutsherrschaften waren Herrschaftsrechte geknüpft: niedere Gerichtsbarkeit, Polizeigewalt, Patronat, Bann- und Zwangsgerechtigkeiten, das Jagdrecht, die Kreisstandschaft und Landratswahl sowie die verschiedenen Dienstpflichten und Fronen der Untertanen. Vielfach wurde in Dorfordnungen das Leben im Gutsbereich geregelt [148: CARSTEN, Junker, 55–75]. Diese Herrschaftsrechte begründeten die wirtschaftliche Macht der Junker. Kraft dieser Rechte herrschte der besitzende Adel über eine ländliche Untertanenschaft, die in Ostpreußen ein Drittel der Provinz ausmachte, in der Kurmark etwa die Hälfte [159: MARTINY, Adelsfrage, 9–11] und in Pommern und Schlesien zwischen 60% und 70% [158: KOSELLECK, Preußen, 78–115]. Die Gutsherrschaft

HAHN hat in seiner auf reicher Quellengrundlage aufbauenden Untersuchung zur herrschaftlichen Durchdringung des ländlichen Raumes zwischen Elbe und Aller überzeugend aufgezeigt, wie lange sich die zahlreichen kleinen Lebenswelten und Herrschaftsbereiche des Adels gegen die Durchsetzung der Landeshoheit erfolgreich zur Wehr setzten. Gleichermaßen konservativ war der Adel auch gegenüber sozialen Neuerungen. In seinem Untersuchungsgebiet unter- Lokale Adelsgewalten blieb die „Verstaatung" des ländlichen Raumes, weil das Leistungsvermögen und der Herrschaftswille des „Absolutismus" deutscher Prägung mit dieser Aufgabe überfordert war. Viele hoch- und spätmittelalterliche Herrschaftsformen lebten im ländlichen Raum bis weit in die Neuzeit hinein fort und belegen die Wirkungsmächtigkeit der kleinen Ordnungseinheiten. HAHN will [153: Lokale Adelsgewalt] das Bedingungsnetz der jeweiligen Herrschaftsverteilung sichtbar machen und stellt deshalb das ununterbrochene Wechselspiel militärischer, institutioneller, ökonomischer, mentaler und bevölkerungspolitischer Faktoren, die stets aufeinander bezogen werden müssen, nachdrücklich heraus.

Die reichen Junker, HARNISCH bezeichnet sie als „Adelskapitalisten" [225: Feudaladel], traten vor allem auch als Kreditgeber für den Landesherrn und für die Ständekassen auf, wofür HAHN zahlreiche Beispiele und Summen anführt [152: Struktur]. Auch war der Landesherr bei der Aufnahme von Krediten unbedingt darauf angewiesen, daß Junker für ihn bürgten. Die reichen Adelsfamilien lebten aber nicht nur von ihren Eigenwirtschaften, dem Landwarenhandel und von Geldgeschäften, sie hatten auch die führenden Positionen im Lande inne. Denn obwohl die Stände in Brandenburg noch kein Indigenat durchsetzen konnten, besetzten den überwiegenden Teil aller Ämter der kurfürstlichen Verwaltung und am Hofe einheimische Junker. HAHN ist dieser von ihm so benannten „Machtelite" besonders nachgegangen [152: Struktur]. Er kommt dabei zu dem Ergebnis, daß verschiedene Adelssippen bestimmenden Einfluß auf die Besetzung einzelner landesherrlicher Ämter ausübten, wobei der Ämter-Nepotismus und die Ämterpatronage unverhüllt wahrgenommen wurden. Durch Konnubium und Verschwägerung suchte die „Machtelite" ihre Positionen fest zu behaupten. „Die führenden Familien suchten die Ämter zu monopolisieren" [152: ebd., 205]. Nach HAHN deutete vor 1620 innerhalb der kurfürstlichen Verwaltungsorganisation, die nur wenig rational war, eigentlich nichts auf eine spätere absolutistische Entwicklung in Brandenburg hin. Der Einfluß der „Machteliten" sei zu groß gewesen.

Eine unabdingbare Voraussetzung für die Stellung der „Machteliten" war die Bildung. Schon Kurfürst Joachim hatte seinem Adel den Rat gegeben, seine Kinder besser ausbilden zu lassen, damit man ihnen auch verantwortungsvolle Posten anvertrauen könne [154: HEINRICH, Adel, 280]. HAHN [152: Struktur, 113–116] hat den Lebensweg von 185 Junkern aus 28 Geschlechtern untersucht und dabei gefunden, daß die meisten von ihnen studiert haben. Dabei stammten die meisten Studenten aus reichen Familien. Sie konnten sich ein Studium leisten und brauchten es für die Übernahme eines späteren Amtes in der Landesverwaltung oder einer Spitzenposition in den ständischen Ausschüssen. Denn in den Landständen und auf den Landtagen bestimmten auch die ranghöchsten und reichen Adligen, die Angehörigen der „Machtelite" [152: ebd., 160], die einen wesentlichen Beitrag zur Stabilisierung der politischen Ordnung leisteten. Der wirtschaftliche Aufstieg des Adels sowie der Niedergang der Städte und das Ausscheiden der Geistlichkeit machten den Adel auf den Landständen zum entscheidenden Machtträger. Durch die zunehmende Finanznot der Landesfürsten aber kamen diese in immer größere Abhängigkeit von den Geldbewilligungen der Stände, wie CARSTEN [147: Entstehung, 134–138] besonders betont.

Während CARSTEN [147: ebd., 135–144] für das 16. Jahrhundert von einer „Herrschaft der Stände" spricht und auf die vielen wichtigen Zugeständnisse verweist, die die Kurfürsten den Landständen machen mußten, besteht HEINRICH [154: Adel, 264] darauf, daß die „Kurfürsten Joachim I. und Joachim II. in ihrem Jahrhundert für Brandenburg ebenso die beherrschenden Gestalten gewesen sind, wie es ihre Nachfolger, die Könige Friedrich Wilhelm I. und Friedrich der Große, für das Preußen des 18. Jahrhunderts geworden sind". HEINRICH schätzt die Macht der Stände nicht so hoch ein wie etwa CARSTEN. Nach HEINRICH und auch BAUMGART [141: Kurmärkische Stände, 133] hat es selbst der schwer verschuldete Kurfürst Joachim II. verstanden, dem Adel entschieden entgegenzutreten und ein Machtübergewicht zu behaupten, so daß der Begriff des „Ständestaates" auf Kurbrandenburg nicht mehr angewendet werden kann. Nur auf dem Gebiet der Steuerbewilligung und Schuldenverwaltung konnten die Stände eine starke Position gewinnen, während sie etwa auf die Außenpolitik keinen Einfluß hatten.

Herrschaft der Stände?

„Die endgültige Verdrängung aus dem inneren Bereich der politischen Willensbildung im absoluten Staat seit der Regierung des Großen Kurfürsten hat jedoch in Brandenburg-Preußen keineswegs etwa zu einem Verfall des Ständetums geführt", urteilt BAUMGART [141: ebd., 134]. Seit dem frühen 17. Jahrhundert traten Prälaten, Herren und Ritterschaft auf den Landtagen als die sogenannten Oberstände gemeinsam den Städten gegenüber, so daß aus den ursprünglichen drei Kurien nur mehr zwei geworden waren. Zahlen-

Landstände im Absolutismus

mäßig war die Ritterschaft die stärkste Kurie. „Sämtliche auf dem Lande ansässigen Adeligen waren landtagsfähig" [141: ebd., 139] sowie einige Komtureien des Johanniterordens und das Stift Heiligengrabe. In den neuerworbenen Landesteilen Hinterpommern und Magdeburg konnte der Große Kurfürst jedoch rasch den Adel zurückdrängen und das absolutistische Staatsregiment durchsetzen, wie HEINRICH hervorhebt [154: Adel, 294]. Auch in Cleve und Mark spielte der Adel nur eine geringe Rolle. König Friedrich Wilhelm I. führte zunächst gegen den erbitterten Widerstand des Adels die Landräte ein, doch allmählich akzeptierte der Adel diese neuen Ämter, da er auf deren Einnahmen angewiesen war [147: CARSTEN, Entstehung, 186–188].

Besonders zählebig waren die Stände nach HEINRICH [154: Adel, 279] in der Neumark. Das Landratsamt mit ständischer und landesherrlicher Repräsentanz war nach Meinung von Heinrich besonders geeignet, um die ständisch-adligen Interessen gegenüber dem Landesherrn zu vertreten. Denn der Landrat war zugleich Organ der staatlichen Verwaltung wie auch Vertrauensmann der Kreisstände. Das Amt war mit dem Indigenat verbunden, weshalb immer ein adliger Gutsbesitzer aus dem Kreis Landrat wurde [148: CARSTEN, Junker, 49]. HEINRICH macht aber auch darauf aufmerksam, daß es oftmals schwierig war, das Amt zu besetzen, da es nur mäßig besoldet war.

Nobilitierungen Negativ beurteilt HEINRICH [154: Adel, 304] die Nobilitierungspraxis der preußischen Könige im 18. Jahrhundert, die seit der Königskrönung kraft eigenen Rechts vorgenommen wurden. Während der Soldatenkönig durch die Nobilitierungen leistungsfähige Kräfte an den Staat binden und das Bewußtsein eines preußischen Staatsadels fördern wollte, gab es unter Friedrich II. fast schon doppelt so viele Nobilitierungen und unter Friedrich Wilhelm II. schließlich eine wahre Flut, und zwar aus vordergründig finanziellen Gründen, denn allein die Erhebung in den einfachen Adel erbrachte 400 Taler als Taxe [159: MARTINY, Adelsfrage, 74–78]. Diese übermäßige Adelsflut hat das Ansehen des Adels insgesamt spürbar geschwächt und die Adelskrise verschärft. Durch die Residenznähe wurde zudem der kurmärkische Adel stark verändert, wie MARTINY [159: ebd.] meint. Nur noch 27% des Adels waren nach MARTINY wirklich mit dem Boden verbunden, während die Mehrzahl bereits in der Stadt lebte. Viel adliger Grundbesitz war schon an Bürgerliche übergegangen. 1800 waren bereits 13% der Güterbesitzer bürgerlich [159: MARTINY, ebd., 35; 154: HEINRICH, Adel, 306–308]. Denn das von Friedrich II. erlassene Verbot des Güterverkaufs an „Personen bürgerlichen Standes" wurde ständig umgangen. Vor allem die hohe Verschuldung der Rittergüter führte nach MARTINY [159: ebd., 30–35] zu sehr vielen Verkäufen. Da zudem gegen Ende des 18. Jahrhunderts der Wert der Güter ständig wuchs, waren viele Adlige bereit zu verkaufen, und manche handelten förmlich mit Gütern, wie MARTINY belegt. Allerdings erhielten die bürgerlichen Gutsbesitzer nicht das Stimmrecht auf den Kreis- und Landtagen [159: ebd., 39].

Im Allgemeinen Landrecht fand die scharfe Abgrenzung des Adels als der geschlossensten Gruppe in der preußischen Sozialordnung gegenüber den übrigen Ständen letztmals ihren Niederschlag, wie KOSELLECK [158: Preußen, 78–115] eingehend dargelegt hat. So wurden die durch „Statuten, Privilegien oder ununterbrochenem Herkommen" überlieferten Rechte eines „stifts- oder turniermäßigen" Adels nicht angetastet, wenn auch staatsrechtlich die Gleichheit zwischen altem und neuem Adel bestand. Vor allem blieb es bei dem privilegierten Gerichtsstand, wie ihn der Adel auch sonst im Reich besaß. Weiterhin unterstrich das Landrecht die „vorzügliche" Berechtigung des Adels „zu Ehrenstellen im Staate", zu denen „er sich geschickt gemacht habe". Allein der Adel war zum Besitz adliger Güter berechtigt, und allein er konnte Fideikommisse aus solchen Gütern einrichten. Nur adlige Gutsbesitzer hatten das Recht, die an einem Gute haftenden Rechte auch auszuüben, und nur adlige Rittergutsbesitzer durften herrschaftliche Rechte über Gutsuntertänige wahrnehmen. „In der Regel" kam allein den adligen Gutsbesitzern das Recht zu, bei den Versammlungen des Adels auf Kreis- und Landtagen zu erscheinen. Doch neben den Vorrechten und Privilegien des ersten Standes gab es für diesen auch eine Reihe von Verboten. So drohte ihm der Standesverlust, wenn er „bürgerliche Nahrung und Gewerbe" betrieb oder sich gar unter Verleugnung seines Standes in eine Zunft „einschlich". Dagegen war ihm die an keine Zunft gebundene „Handlung im Großen" gestattet.

Adel im Allgemeinen Landrecht

HEINRICH beklagt in seinem verdienstvollen Überblick zur Geschichte des Adels in Brandenburg-Preußen, daß sich das Interesse der Forschung heute „auf die mit der Adelsfrage verbundene verfassungs- und sozialgeschichtliche Problematik richtet", weshalb es an Kräften fehlt, die die dringend notwendige „genealogisch-biographische Grundlagenarbeit" leisten könnten. Denn für Brandenburg-Preußen gibt es weder ein modernes Adelslexikon noch ein Stamm-

Defizite

tafel-Sammelwerk. Lediglich für Pommern gibt es eine neuere landes- und familiengeschichtliche Bibliographie [163: SPRUTH].

„Unausgewertete Quellen sind, von Archiven abgesehen, in vielen Familiengeschichten enthalten, die jedoch meist nicht wissenschaftlichen Ansprüchen genügen. Einige Familien haben sich trotz ihrer Vertreibung um die Geschichte ihrer Familien bemüht" [41: WÄTJEN, Von der Osten; 29: GERLACH/GOLTZ/GOLTZ]. Auf die Hauptschwierigkeiten für die Erforschung der Geschichte des Adels in Brandenburg-Preußen oder in den ostelbischen Gebieten aber weist HEINRICH mit allem Nachdruck hin: „Die bis 1945 zum Teil allzu gut gehüteten und in Brandenburg von der Inventarisation der nichtstaatlichen Archive zu spät erfaßten Adelsarchive sind heute in der Regel vernichtet, der westlichen Forschung großenteils entzogen oder im besten Falle dezimiert und zerstreut. Gleiches gilt für die materiellen Zeugnisse der Adelswelt und Adelskultur." Durch die Wiedervereinigung sind zwar manche Hindernisse weggefallen, und die Adelswelt rückt auch wieder mehr ins allgemeine Bewußtsein, doch wird es noch lange dauern und eingehender Forschungen bedürfen, um ein einigermaßen gesichertes Bild von der Bedeutung der Junker zu erhalten.

„Die Adelskultur der frühen Neuzeit ist bisher fast unbeachtet geblieben", beklagt HEINRICH weiterhin. Die einzige Quelle zu diesem Thema sind noch immer die Kunstdenkmäler-Inventare. Kataloge zu brandenburgischen Adelsbibliotheken sind nicht bekannt, obwohl viele Schlösser größere Sammlungen hatten, wie etwa die wichtige Alvensleben-Bibliothek auf Erxleben. Auch müssen die Bildungsstätten des Adels in Mittel- und Ostdeutschland erforscht werden, die Universitäten, Fürstenschulen, Kadettenanstalten und nicht zuletzt die Francke'schen Stiftungen.

3.3 In Kursachsen

„Wenn hier der Versuch gewagt wird, das Defizit in der bisherigen DDR-Geschichtswissenschaft im Hinblick auf die Adelsforschung überwinden zu helfen, dann ist das augenblicklich noch nicht möglich", charakterisierte jüngst KARL CZOK die gegenwärtige Situation in der ehemaligen DDR-Historiographie, die aus ideologischen Gründen die Erforschung des „Klassenfeindes" vernachlässigt hat. Neuere Forschungen zum sächsischen Adel liegen deshalb nur einige wenige vor, insbesondere von HELBIG und CZOK.

Über die Anzahl der Rittergüter in Sachsen gibt es in der Literatur unterschiedliche Angaben. Während eine Schätzung aus der Mitte des 18. Jahrhunderts rund 800 schrift- und amtssässige Rittergüter nennt, die HELBIG als einigermaßen zutreffend bezeichnet [171: Adel, 251], nimmt K. H. BLASCHKE [167: Bevölkerungsgeschichte, 104 f.] für 1550 in Sachsen (ohne Oberlausitz) 480 und für die Mitte des 18. Jahrhunderts für die kursächsischen Erblande einschließlich der Oberlausitz bis zur Görlitzer Neiße rund 1100 Rittergüter an.

„Formal behauptete zwar die Ritterschaft die Steuerfreiheit, aber allmählich setzte sich der Gedanke einer allgemeinen Staatsuntertänigkeit durch, was sich in der Leistung der auf den Landtagen beschlossenen Präsent- und Donativgelder ausdrückte" [171: HELBIG, Adel, 252]. Die Rittergutsherren, die überwiegend dem Adel angehörten, übten auf ihren Besitzungen die grund- und gerichtsherrlichen Rechte aus und konnten sogar die Forderungen an die Bauern ausbauen. Doch schon um die Mitte des 16. Jahrhunderts setzten Maßnahmen der Landesherren zum Schutze der Bauern ein, so daß es nur zu geringen Verlusten von Bauernstellen an Ritter kam. Nach BLASCHKE [217: Bauernlegen, 97 ff.] fielen etwa 1000 Bauernstellen durch Bauernlegen an Rittergüter.

Unter August dem Starken erregte im einheimischen Adel die Tatsache Aufsehen, daß er sich zunehmend mit sogenannten „Ausländern" als Berater und Amtsträger umgab und nicht mit sächsischen Adligen. Vor allem der aus brandenburgischen Diensten übergewechselte Generalfeldmarschall Hans Adam von Schöning riet dem Kurfürsten, ein absolutistisches Regiment einzuführen, die Armee auszubauen, die Verwaltung grundlegend zu reformieren, durch Steuerreformen neue Mittel zu gewinnen und schließlich sogar gegen Brandenburg vorzugehen [170: HAAKE, August der Starke, 40]. Diese Politik machte Schöning beim einheimischen Adel verhaßt. Bald aber kamen weitere „Ausländer", was die Opposition und den Widerstand der „Einheimischen" noch mehr verstärkte. Unter den „Ausländern" ragten Freiherr von Rosen aus Livland, Graf von Flemming aus Pommern, Baron von Löwendahl aus Dänemark, die Grafen von Werthern und von Manteuffel sowie der Fürst von Fürstenberg hervor. Die Opposition der „Einheimischen" wurde von den von Carlowitz, von Einsiedel, von Pflugk, von Beichlingen und von Bose angeführt. CZOK weist jedoch darauf hin, daß mit der Zeit auch einige Familienverbindungen zwischen den „Einheimischen" und „Ausländern" entstanden, daß also zumindest Teile der fremden Adligen integriert wurden [169: CZOK, Adel in Kursachsen].

„Einheimische" gegen „Ausländer"

II. Grundprobleme und Tendenzen der Forschung

„Staatsstreich" Als einen „Staatsstreich" bezeichnet CZOK den Erwerb der Krone Polens und den Übertritt Augusts zum Katholizismus. „Dem Staatsstreich entsprach auch die Ernennung des Fürsten Anton Egon von Fürstenberg zum Statthalter in Kursachsen, einem Katholiken aus Schwaben, der des Königs absolutistische Politik durchzusetzen versprach" [169: ebd.]. Unter Fürstenbergs Vorsitz stand die Revisionskommission mit Ludwig Gebhard von Hoym, die gegen Steuerhinterziehung, Bestechlichkeit und Veruntreuung vorging und selbst höchste Würdenträger des sächsischen Adels, wie von Haugwitz, von Gersdorf, von Lerche, von Knoch, von Bose und sogar den Erbmarschall Hans von Löser, nicht verschonte. Vorrangig aber wandte sich der Revisionsrat gegen reiche Adlige, während er die breite Masse der Ritterschaft verschonte, wie CZOK betont.

Durch die Bewahrung adliger Standesprivilegien suchte sich der alte Adel vor den gesellschaftlichen Veränderungen zu retten. Schon 1681 forderte die Ritterschaft Kurfürst Johann Georg III. auf, nur denjenigen in ihren Stand aufzunehmen, der je vier adlige Ahnen vorweisen könne. Der Kurfürst jedoch lehnte ab. Unter August dem Starken aber erreichte der einheimische Adel das Privileg, daß zur sächsischen Ständeversammlung niemand mehr zugelassen werden sollte, der nicht acht adlige Ahnen von Vater- und Mutterseite her nachweisen konnte [169: ebd.]. Die verschärfte Ahnenprobe richtete sich eindeutig gegen den Neuadel, der entweder durch den Kauf von Rittergütern oder infolge hoher landesherrlicher Ämter Anspruch auf die Mitgliedschaft im Landtag erhob. Auf dem Landtag bildeten die Grafen und Herren eine eigene Kurie. Dazu gehörten die Verwandten in den Sekundogeniturfürstentümern sowie die lehensabhängigen Grafen von Schwarzberg, Honstein, Mansfeld, Barby, Stolberg und Schönberg. Die Masse des Landadels gehörte dem niederen Adel an [169: ebd.].

Nachdrücklich weist CZOK darauf hin, daß unter August dem Starken „Erziehung und Bildung des Adels gegenüber dem 17. Jahrhundert zivilisiertere und kultiviertere Formen" annahmen. Eine große Rolle spielten in der Jugenderziehung des Adels die städtischen Gymnasien und die Landesschulen. Viele junge Adlige besuchten nun auch die Landesuniversitäten Leipzig und Wittenberg, und die anschließende Kavalierstour war selbstverständliche Pflicht. Viele Burgen besaßen Bibliotheken oder diverse Sammlungen. „Wirtschaftliche Stärke, politische Stellung und adliges Selbstbewußtsein manifestierten sich in den Ritterguts- und Schloßbauten, deren Barockbauperiode nach 1680 einsetzte. Die Vielzahl der

Schloßbauten, ihre Barockarchitektur und Innengestaltung, aber auch ihre Gärten zeugen insgesamt von der Kultur des sogenannten ‚Augusteischen Zeitalters' in Sachsen" [169: ebd.].

3.4 In Bayern

Schon JOHANN JAKOB MOSER hat beobachtet, daß Bayern auch außerhalb des Reichsvikariats Standeserhebungen vornahm, doch wußte er nicht, auf welcher Rechtsgrundlage. Auch RALL [189: Kurbayern] nennt zahlreiche Beispiele für Standeserhebungen, ohne dabei jedoch näher der Frage der Begründung nachzugehen. Das reichsvikariatische Recht der Wittelsbacher, Adelsverleihungen vorzunehmen, ist unbestritten und auch mehrfach in der Literatur abgehandelt worden, nicht zuletzt wegen des Streits zwischen den beiden Reichsverwesern Kurpfalz und Kurbayern. Umfangreiches statistisches Material zu den Standeserhebungen während des Reichsvikariats der Wittelsbacher bietet GRITZNER [31: Standeserhebungen], der für diese Fragestellung noch immer unentbehrlich ist.

Doch Bayern nahm auch Standeserhebungen aus eigener Machtvollkommenheit vor. Dabei beruhten die bayerischen Standesverleihungen im 17. und 18. Jahrhundert nicht auf besonderen Privilegien, sondern letztlich auf dem Macht- und Prestigeanspruch eines bedeutenden Reichsfürsten, wie SAGEBIEL [192: Qualifikationen, 6] hervorhebt. SAGEBIEL hat die von den bayerischen Landesfürsten ausgegangenen Gnadenakte hauptsächlich auf die Problematik der Qualifikation hin untersucht und eine adelsständisch-gesellschaftsgeschichtliche Interpretation versucht. Dagegen betont RIEDENAUER [190: Bayerischer Adel; 191: Landesfürstlicher Briefadel], daß die vielen Adelserhebungen seit der 2. Hälfte des 17. Jahrhunderts als Symbol der Selbständigkeit gegenüber dem Kaiser dienten und damit Ausdruck einer bewußten eigenständigen Politik waren. Vor allem durch die vielen Grafenerhebungen seit 1668 sollte der Glanz des bayerischen Kurhutes erhöht und ein eigener landsässiger bayerischer Grafenstand geschaffen werden, wie er in den habsburgischen Erblanden längst bekannt war. KSOLL [185: Wirtschaftliche Verhältnisse, 16] betont aber auch den Disziplinierungseffekt durch die Nobilitierungen und Standeserhöhungen, während SCHLÖGL [194: Bauern, Krieg und Staat, 273–282] vor allem durch die landesherrliche Entschuldungsregelung von 1650, die das wirtschaftliche Schicksal vieler Adelsfamilien der Entscheidung der landesherrlichen Gerichte anheimstellte, die ökonomische und

[Marginalie:] Standeserhöhungen aus eigener Machtvollkommenheit

soziale Disziplinierung des Adels gegeben sieht: Während des wittelsbachischen Kaisertums und der Reichsvikariate erfolgten Standeserhebungen vor allem an verdiente Beamte und Offiziere, unter Karl Theodor auch schon an verdiente Fabrikanten, Händler und Bankiers. Die Taxgebühren beliefen sich dabei auf 3000 fl für den Grafenbrief, 1500 fl für einen Freiherrenbrief, 400–600 fl für einen Ritterbrief und 150 fl für eine einfache Nobilitierung. Die Taxgebühren in Wien lagen dagegen höher. So kostete die Erhöhung der Freiherren von Törring in den Grafenstand in Wien einschließlich der Tax- und Kanzleigebühren genau 5742 fl [185: KSOLL, Wirtschaftliche Verhältnisse, 16]. Die rein bayerischen Standeserhebungen waren entschieden billiger. So belief sich der bayerische Freiherrenbrief auf nur 500 fl.

Fortschreitende Akademisierung Wollte der Adel seine Rolle als Herrschaftsstand im Fürstentum Bayern behalten und die ihm seit 1508 garantierten und vorbehaltenen Staatsämter auch ausfüllen, dann mußte er sich die nötige und entsprechende Bildung aneignen. RAINER A. MÜLLER [187: Universität und Adel] hat die fortschreitende Akademisierung des bayerischen Adels im Laufe des 16. Jahrhunderts mit eindrucksvollen Zahlen der Studenten an der Universität Ingolstadt belegt. Hier betrug der Anteil der adligen Studenten in den Jahren 1472–1500 nur 4,4%, in den Jahren 1501–1550 schon 11,24% und von 1551–1600 schließlich 17,46%. Dabei fällt auf, daß insbesondere der höhere bayerische Adel seine Söhne auf die Universität schickte. So entsandten zwischen 1472 und 1648 die Parsberg 20 Studenten, die Preysing 27, die Freiberg 39, die Pappenheim 23 und die Seiboldsdorf sogar 47 Studenten. Fast alle bayerischen Oberrichter und Vizedome von Adel hatten in Ingolstadt studiert. Auch gingen aus Ingolstädter Studenten zahlreiche adlige Kanoniker hervor und sogar mehrere Bischöfe. Dabei ist zu bedenken, daß das Studium und die Kavalierstour eines jungen Adligen hohe Kosten verursachten, so daß manche Ritterfamilie gezwungen war, Kredite aufzunehmen. Seit der Mitte des 17. Jahrhunderts wanderte auch der bayerische Adel vermehrt an die Ritterakademien ab, die nun von vielen Landesfürsten eingerichtet wurden, so auch 1711 in Ettal.

Nicht unterschätzt werden darf die Zahl der Mitglieder auswärtiger Herren- und Grafengeschlechter in den bayerischen Zentralbehörden, die überwiegend aus dem schwäbischen Raum kamen, wie Jakob und Joachim Fugger oder Rudolf von Helfenstein. Einen bemerkenswerten sozialen und politischen Aufstieg nahmen im Laufe des 16. Jahrhunderts die fränkischen Schwarzenberg in bayerischen

3. Adel in den Territorien

Diensten. Christoph von Schwarzenberg, der sich selbst als „Armen vom Adel" bezeichnete, avancierte in bayerischen Diensten zu einem der einflußreichsten politischen Räte und zugleich zu einem der reichsten Grundbesitzer. Die Schwarzenberg wurden in den großen Ausschuß der Landtage gewählt, und die Heiraten belegen die Integration in die bayerische Edelmannsgesellschaft. [186: LANZINNER, Fürst, Räte und Landstände, 203–216].

Die Klöster als Versorgungsstätte spielten für den bayerischen Adel in der Frühen Neuzeit kaum mehr eine Rolle. Von 200 Prälaten kamen, wie KRAUSEN [183: Prälaten] nachgewiesen hat, nur 12 aus adligen Familien. Auch die Zahl der adligen Äbtissinen war gering [184: KRAUSEN, Benediktinerinnenkonvente, 135–157]. Selbst das adlige Damenstift Frauenchiemsee entschloß sich 1659, auch nichtadlige Mädchen aufzunehmen. Dagegen saßen zahlreiche bayerische Adlige in den Domkapiteln sämtlicher an Bayern angrenzenden Bischofssitze, wofür KSOLL [185: Wirtschaftliche Verhältnisse, 56f.] zahlreiche Beispiele nennt. Zwei Regensburger Bischöfe kamen beispielsweise aus dem Haus Törring.

Der Dreißigjährige Krieg gilt allgemein als Verursacher der Verarmung und Verschuldung des bayerischen Adels, was sich nicht zuletzt in erheblichen Verlusten von Grundbesitz an die Kirche gezeigt haben soll. Dieser These widerspricht jedoch BEISEL [180: Bavarian Nobility], der die Überzeugung vertritt, daß der Krieg die wirtschaftlichen Verhältnisse des Adels kaum verändert habe, da nur 69 Hofmarken und Sitze nachweislich an die Kirche gefallen seien. SCHLÖGL [193: Bauern, Krieg und Staat] kann jedoch an ausgewählten Beispielen aus Oberbayern nachweisen, daß die adligen Hofmarken schon vor dem Großen Krieg von einer Krise erfaßt wurden, die durch die schweren Schäden und Verluste des Kriegs noch verstärkt wurde. „53 der zwischen 1600 und 1630 noch in der Landtafel geführten bayerischen Familien brachte die wirtschaftliche Not um ihre Landsassengüter und ihre Landstandschaft. Sie lassen sich 1630 nicht mehr nachweisen" [185: KSOLL, Wirtschaftliche Verhältnisse, 35]. Weiterhin zeigen sowohl SCHLÖGL als auch KSOLL, daß die wirtschaftlichen Verhältnisse sehr unterschiedlich waren und die These von der Verarmung und Verschuldung des Adels differenziert betrachtet werden muß. Vielfach konnten die Kriegsschäden durch hohe Gnadengelder und landesherrliche Gehälter rasch wieder überwunden werden. Doch für ein abschließendes Urteil sind noch weitere regionale Untersuchungen notwendig.

Die nachhaltigste Folge des tiefgreifenden Umschichtungspro-

Verarmung des Adels durch den Dreißigjährigen Krieg?

„Reprivilegierung"

zesses war für die Adelsgesellschaft in Bayern die Teilung in den alten edelmannsfreien, reicheren Adel und in einen neuen politisch und ökonomisch unbedeutenden Landadel, was auf dem Landtag von 1669 deutlich zum Ausdruck kam. Zum Schutz der alten Familien erließ der Landesherr eine ganze Reihe von Verordnungen, die von KSOLL [185: Wirtschaftliche Verhältnisse, 78–85] als „Reprivilegierung" bezeichnet werden, wie etwa Schulden- und Erbfolgeregelungen, Genehmigung von Fideikommissen und Amortisationsgesetze. Dem alten edelmannsfreien Adel sollte so eine standesgemäße Lebensführung garantiert werden. „Obwohl alter Adel und neue briefadelige Familien, die sich im Staatsdienst ihr Adelsdiplom verdient hatten, in der zweiten Hälfte des 17. Jahrhunderts zur Herrschaftselite des ‚Beamten- und Staatsdieneradels' zusammenwuchsen, blieb die bayerische Adelsgesellschaft nach Interessen, Status und ökonomischer Grundlage eine heterogene und geschichtete Gruppe" [193: SCHLÖGL, Bauern, Krieg und Staat, 281].

Landstände und Landschaftsverordnung

Das politische Mitbestimmungsrecht der bayerischen Stände, in denen der Adel dominierte und die zu Beginn des 16. Jahrhunderts mit der Landesfreiheitserklärung ihren Höhepunkt erreichten [181: BOSL, Repräsentation, 70], wurde durch die Landesherren mehr und mehr zurückgedrängt und beschränkte sich letztlich auf den Staatshaushalt und die Wahrung der eigenen Interessen. „Die Waage des ständischen Dualismus neigte sich eindeutig dem Landesherrn zu" [182: HOFMANN, Adelige Herrschaft, 118]. Auf dem letzten Landtag in München 1669 erschienen neben 58 Prälaten und 96 Verordneten von Städten und Märkten noch 225 Adlige.

Die aus diesem Landtag hervorgegangene Landschaftsverordnung, in der ebenfalls der Ritterstand dominierte, ist lange sehr negativ beurteilt, ja sogar als nutzlos hingestellt worden, wie ARETIN mit zahlreichen Literaturzitaten belegt [179: Landschaftsverordnung, 208 f.]. ARETIN hebt jedoch die erfolgreiche Steuerverwaltung und vor allem die verdienstvolle Abtragung des Schuldenwerks hervor. 1749 betrug die Schuldenlast 34 Millionen fl, von denen 21 Millionen von der Landschaft abgetragen wurden [179: ebd., 235].

3.5 Stiftsadel in Westfalen

„Adliger Typenraum"

Die Adelslandschaft in Nordwestdeutschland bildete einen mehr oder weniger homogenen „Typenraum", dessen „Begrenzung im Norden und Osten etwa die Konfessionsgrenze bildete, im Süden die sich zunehmend zur ständischen Scheidungslinie entwickelnde

3. Adel in den Territorien

Grenze der Reichsritterschaft. Sozialgeschichtlich wirkten sich innerhalb dieser wenig scharfen Konturen die Territorialgrenzen für ritterschaftliche Familien nicht sehr stark aus. Heiraten, Erbschaften, Grund- und Präbendenerwerb über diese hinweg waren nichts Ungewöhnliches" [209: VON OER, Landständische Verfassungen, 104]. Gegen VON OER betont KLUETING [204: Ständewesen], daß es sich am Niederrhein und in Westfalen sowohl um einen konfessionell als auch ständisch differenzierten Adel handelte. Denn neben den katholischen Adelsfamilien gab es eine beträchtliche Anzahl lutherischer und reformierter. Hier saß rund ein Dutzend teils katholischer, teils reformierter reichsgräflicher Häuser, vielfach in mehrere Zweige und Linien aufgespalten.

Mit der Rolle des Stiftsadels im niederrheinisch-westfälischen Raum beschäftigt sich besonders intensiv KLUETING [205: Reichsgrafen – Stiftsadel – Landadel]. Er hebt in seiner Analyse besonders hervor, daß der Stiftsadel noch mehr als der Reichsadel im südlichen Deutschland das Pfründenwesen der katholischen Reichskirche nutzte. Denn die Möglichkeit, von diesem System zu profitieren, waren für den westfälischen Stiftsadel geradezu optimal, da sich die Versorgungspositionen in ein oder zwei großen Territorien konzentrierten, in denen die gleichen Familien die Domherrenstellen besetzten, Mitglieder der Landstände waren und die wichtigsten Ämter besetzten. Der Stiftsadel beherrschte so unangefochten in staatlicher und kirchlicher Hinsicht das Hochstift Münster und Paderborn, trotz der geistlichen Sekundogenitur der Wittelsbacher in Köln. Dabei hatten, wie KLUETING belegt, 1770 die Stiftsfamilien nur einen Anteil von 0,2% an der Bevölkerung des Hochstifts Münster, besaßen aber mehr als 96% der Rittergüter. *Der Stiftsadel*

Auf ein weiteres bemerkenswertes Phänomen des westfälischen Stiftsadels macht KLUETING aufmerksam: rund 50% der Söhne und Töchter des Stiftsadels blieben unverheiratet. Man glaubte, auf diese Weise das Problem der „standesgemäßen Nahrung" lösen zu können. Denn für den Adel standen – so KLUETING – „zwei Grundsätze im Widerstreit: der Grundsatz, das Aussterben der Familie zu verhindern, dem im adeligen Wertesystem außerordentlich große Bedeutung zukam, und der Grundsatz, den Verlust der wirtschaftlichen Basis zu vermeiden, von dem eine standesgemäße Lebensführung abhing. Der erste Grundsatz verlangte in Zeiten hoher Kindersterblichkeit eine möglichst große Kinderzahl, während der zweite Grundsatz nur bei einer engen Begrenzung der Kinderzahl zu verwirklichen war, weil Kinder viel Geld kosteten, vor allem dann, *Familienplanung* wenn sie heirateten und für eine standesgemäße Lebensführung mit Teilen des Familienbesitzes ausgestattet werden mußten. Es ist deutlich, daß sich diese beiden Grundsätze adeliger Familienplanung gegenseitig ausschließen mußten." Was KLUETING bezüglich der Familienplanung konstatiert, galt sicher generell für den Adel.

Gut erforscht ist die Rolle und Bedeutung der Familie von Fürstenberg, die im westfälischen Stiftsadel besonderes Gewicht besaß, was sich auch in ihrer Erhebung in den Reichsfreiherrenstand niederschlug. Sie stellte im 17. Jahrhundert mit Dietrich und Ferdinand von Fürstenberg zwei Fürstbischöfe von Paderborn, welche die Hauptträger der Gegenreformation und der Rekatholisierung im Hochstift waren. Mit Franz Egon von Fürstenberg bestieg 1789 nochmals ein Mitglied der Familie den Bischofsstuhl in Paderborn. Noch mehr Geltung aber erlangte Franz von Fürstenberg (1729–1810) als Minister in Münster, zugleich noch Generalvikar, Universitätsgründer, Bildungsreformer, Hauptvertreter der katholischen Aufklärung in Münster und Mitglied des „Kreises von Münster" um die Fürstin Gallitzin. Andere Mitglieder der Familie, die in mehreren Linien aufgespalten war, finden sich als Domherren in Hildesheim, Lüttich, Münster, Paderborn, Salzburg, Speyer, Trier, Würzburg und Mainz sowie als Landkomtur des Deutschen Ordens, als Geheimer Rat in Kurköln oder Landdrost im Herzogtum Westfalen [198: HANSCHMIDT, Fürstenberg, 178–199; 199: Ders., Franz von Fürstenberg].

4. Adlige „Nahrung" und Versorgung

4.1 Grundherrschaft und Gutswirtschaft

Eingehendere Untersuchungen zur Rolle des Adels als Produzent und Rentenempfänger hat in den letzten Jahren vor allem H. KNITTLER vorgelegt, und zwar für den Untersuchungsraum Niederösterreich und das Waldviertel. In der Einschätzung der ökonomischen Situation der Bezieher von Feudaleinkünften herrscht nach Meinung von H. KNITTLER [236: Nutzen, Renten, Erträge, 20] in der Forschung weitgehende Übereinstimmung. Der Rückgang der Renteneinkommen seit dem späten Mittelalter, hervorgerufen durch das Sinken der Grundrente, und die Überspannung der feudalen Belastungen werde weitgehend akzeptiert.

An der Agrarkonjunktur des 16. Jahrhunderts konnten jedoch nicht alle Grundherren partizipieren, wie KNITTLER betont. Am be-

4. Adlige „Nahrung" und Versorgung

sten gelang dies in Mittel- und Ostdeutschland, wo in der Hauptsache die herrschaftliche Erzeugung von Agrarprodukten praktiziert wurde, wobei die bäuerlichen Arbeitsverpflichtungen ausgeweitet und ausgenutzt wurden. KNITTLER bezeichnet dies als „Refeudalisierung", bezweifelt aber, ob eine exakte Trennung zwischen gutsherrschaftlichen und grundherrschaftlichen Elementen möglich ist, da sehr viele Arbeitsleistungen innerhalb des Eigenbetriebs eingesetzt wurden, etwa im Getreidebau, in der Teichwirtschaft oder in der Waldwirtschaft [236: ebd.]. „Refeudalisierung"

Nach KNITTLER [236: ebd., 57] spielte in Niederösterreich die Gutswirtschaft mit vorherrschendem Getreidebau im 16. Jahrhundert nur eine geringe Rolle. Denn bei 42 niederösterreichischen Kameralherrschaften hatten 1570 insgesamt Anteil am Gesamteinkommen: Eigenwirtschaft 14,9%, Hoheitsrechte 35,9%, Gerichts- und Polizeirechte 0,6%, Dienste und Abgaben 20,4%, Robot 10,4%, Zehnt 15,2% und Sonstiges 2,6%. Die Einkünfte aus den Hoheitsrechten besaßen also noch ein deutliches Übergewicht. Einkünfte

Die adlige Gutswirtschaft im Herzogtum Preußen zeigte im 16. Jahrhundert dagegen ein ganz anderes Bild. Nach NORTH [241: Untersuchungen] machten die Einnahmen aus der Eigenwirtschaft rund 85% aus, wobei der Getreidebau eindeutig dominierte. Auch in der Herrschaft Boitzenburg betrugen die Einnahmen aus dem Getreideverkauf im 16. Jahrhundert 72% der Gesamteinnahmen [233: HARNISCH, Boitzenburg].

Für den brandenburgischen Adel gewinnt man von der Mitte des 16. Jahrhunderts an genauere Einblicke in die Wirtschaftsführung des Adels. „Frondienste, Getreideanbau und das Verhalten der Landesherrschaft nehmen für den rückschauenden Betrachter Gestalt an" [153: HAHN, Fürstliche Territorialhoheit, 16]. Während in der Uckermark der Bauer seiner Herrschaft um 1600 in der Erntezeit teilweise 4 bis 5 Tage in der Woche Dienste leisten mußte, lag diese Verpflichtung in der Altmark oder anderen Landesteilen bei nur 2 Tagen. Die Verhältnisse können und dürfen nicht verallgemeinert werden, wie HAHN warnt.

Die DDR-Forschung hat den Beweis geliefert, daß die adligen Großbesitzer für einen städtischen Markt Getreide produziert und sogar exportiert haben [227: HARNISCH, Gutsherrschaft]. Daß der Adel die Preisbewegungen in den Städten genau verfolgte, ist für Franken schon für den Beginn des 16. Jahrhunderts belegt [220: ENDRES, Adelige Lebensformen]. HAHN aber macht darauf aufmerksam, daß die Frage des adligen Getreideexports in erster Linie aus den Landtagsrezessen bekannt sei, wo sich die Masse der Ritterschaft der kleinen Schar der Großgrundbesitzer oder reicher Junker beugen mußte [153: Fürstliche Territorialhoheit, 19]. Auch verweist HAHN darauf, daß die häufigen Taufen, Hochzeiten, Beerdigungen und andere Feste, die in der Regel unter starker Beteiligung der regionalen Adelsgesellschaft gefeiert wurden, die „Scheunen leerfegten". HAHN kommt zu dem abschließenden Ergebnis: „Über die wirtschaftliche Lage des Adels in dem von uns betrachteten Zeitraum bis 1700 sind wir nur unzureichend unterrichtet. Daher fällt jede differenzierte Aussage über die Ziele adliger Hauswirtschaft schwer, es sei denn, man begnügte sich stillschweigend mit der Annahme, daß Gewinnmaximierung das Leitmotiv aller ökonomischen Aktivitäten bildete."

HAHN wendet sich entschieden und scharf gegen das pauschale Erklärungsmodell eines „Herrschaftskompromisses zwischen Krone und Adel zu Lasten der bäuerlichen Bevölkerung", wie dies etwa CARSTEN [147: Entstehung, 220–222], ROSENBERG [161: Bureaucracy] oder H. SCHISSLER [245: Preußische Agrargesellschaft] vertreten. Er verweist auf die hohe Verschuldung des Adels um 1600, die sicher manchen Ritter dazu verleitete, durch stärkeren Druck auf die Bauernschaft die Erträge zu steigern. „Mag in der Fachliteratur anfangs der Idealtyp der Gutsherrschaft geholfen haben, die teilweise voneinander abweichenden Grundlagen adliger Herrschaft auf dem Boden des Heiligen Römischen Reiches sichtbar zu machen, so kann doch heute die undifferenzierte Anwendung dieses Begriffes dazu führen, daß die mannigfachen landschaftlichen Unterschiede verwischt werden. Von den großen Adelshöfen der Hildesheimer Börde über die des ostbraunschweigischen Hügellandes, der Magdeburger Börde, der Altmark bis zu den kleinen Rittersitzen auf den sandigen Böden östlich der Elbe zog sich in der frühen Neuzeit ein dichtes Netz adliger Eigenwirtschaften, deren soziales und herrschaftliches Bedingungsfeld bedeutende Unterschiede aufwies. Zum besseren Verständnis der ländlichen Gesellschaft hat es schwerlich beigetragen, daß in der Vergangenheit allzu oft den bäuerlichen Schichten ein Adelsbild gegenübergestellt wurde, das mit den Merkmalen einer Besitzklasse mit gleicher oder zumindest ähnlicher Interessenlage ausgestattet war" [153: HAHN, Fürstliche Territorialhoheit, 20]. Vielmehr setzten sich die zahllosen adligen Lebenswelten gegen Innovationen auf sozialem und politischem Gebiet zur Wehr und schotteten sich weitgehend ab. So sei die „Verstaatung" des ländlichen Raumes unterblieben, weil das Leistungsvermögen und

4. Adlige „Nahrung" und Versorgung 103

auch der Herrschaftswille des „Absolutismus" deutscher Prägung damit überfordert waren [153: ebd.].

„Seit Jahrzehnten überschattet die Diskussion um die Merkmale der Guts- und Grundherrschaft die Erforschung der ländlichen Verhältnisse Nordostdeutschlands. So besteht ein erstaunliches Mißverhältnis zwischen der Anzahl der Arbeiten, die aus den Quellen gearbeitet, den sozialen und verfassungsrechtlichen Hintergrund des ländlichen Raumes beschreiben, und den Abhandlungen, die dem Leser eine Gesamtansicht der Agrarverfassung bieten wollen. Zwar räumen manche Autoren ein, daß noch große Forschungsdefizite bestünden, aber man entwarf trotz allem auf der Basis weniger Studien ein relativ facettenarmes Bild, das sich wohl deshalb um so leichter auf den gesamten Nordosten des Reiches übertragen ließ. Selten fand ein Rittergut, von denen einst Hunderte den ländlichen Raum Brandenburgs und Magdeburgs prägten, eine zufriedenstellende monographische Bearbeitung." So scharf beurteilt HAHN [153: ebd., 10] den Literaturstand im Westen wie in der ehemaligen DDR, der er zudem noch vorwirft: „Zwar wurde durch die Forschungen der DDR-Historiker die agrargeschichtliche Forschung stark bereichert, aber über weite Strecken liest sich das von ihnen entworfene Bild der ländlichen Gesellschaft wie die nüchterne Vorgeschichte einer landwirtschaftlichen Produktionsgenossenschaft. Die Vielgestaltigkeit historischer Prozesse reduziert sich auf Hektarerträge, Anbauverhältnisse, Diensttage und Zollregister" [153: ebd., 11, Anm. 31]. _{Forschungsgegenstand}

Im Jahr 1891 hat G. F. KNAPP erstmals eine begriffliche Unterscheidung zwischen der älteren grundherrschaftlichen Verfassung westlich der Elbe und der jüngeren Gutsherrschaft „Ostelbiens" getroffen. Wenig später ergänzte G. VON BELOW das Bild der Gutsherrschaft und machte vor allem den ungehinderten Export für die Entstehung der Gutswirtschaft verantwortlich. 1957 brachte F. LÜTGE einen neuen Denkansatz in die Diskussion ein. Für ihn waren die Herrschaft oder die starke Konzentration hoheitlicher Rechte in der Hand des Gutsherrn die wesentlichen Merkmale der Gutsherrschaft, die sich vollends jedoch erst nach 1648 durchsetzen konnte. Die Historiker in der DDR, voran H. HARNISCH, haben den Knappschen Ansatz fortentwickelt. Für sie rückte insbesondere die Erzeugung von Getreide für den städtischen Markt in den Mittelpunkt [227: HARNISCH, Gutsherrschaft].

Grund- oder Gutsherrschaft?

Dagegen blieben die herrschaftsgeschichtlichen Rahmenbedingungen weitgehend unbeachtet. „Der adlige Besitz als organisierter

Herrschaftsverband führt in den Studien der DDR-Historiker ein Schattendasein" rügt HAHN [153: Fürstliche Territorialhoheit, 14, Anm. 50]. Die obrigkeitliche Gewalt wurde fast nur noch als Mittel zur Durchsetzung hoher Dienste und Fronen in der sog. „Zweiten Leibeigenschaft" gesehen.

HARNISCH macht schließlich die Zuordnung eines Adelsgutes zum Bereich der Grund- oder Gutsherrschaft allein davon abhängig, wie sich die Feudalrenten auf die Erträge eines Gutes auswirkten. „Wenn der überwiegende Teil der Herrschaftseinkünfte aus einer mit bäuerlichen Zwangsdiensten bearbeiteten Eigenwirtschaft stammte, dann handelte es sich um eine Gutsherrschaft. Die Produktrente stand dagegen auf dem Boden der Grundherrschaft im Vordergrund des wirtschaftlichen Interesses der Herrschaft an den Untertanen" [229: Grundherrschaft oder Gutsherrschaft]. Aufgrund dieses Verständnisses von Gutsherrschaft kommt Harnisch zu dem Ergebnis, daß es auch westlich der mittleren Elbe Gutsherschaften gab, da der größte Teil der Adelseinkünfte aus der Bewirtschaftung von Gutshöfen kam, die auf bäuerlichen Frondiensten basierten, die wiederum von der Gerichtshoheit des adligen Herrn abhingen [229: ebd.]. Die Elbe als Trennungslinie von Grund- und Gutsherrschaft sei nicht haltbar.

Die günstige Agrarkonjunktur des letzten Drittels des 18. Jahrhunderts brachte einen großen Aufschwung der Agrarwirtschaft und sicherte vor allem vielen Junkern in Brandenburg-Preußen oder Magnaten in Böhmen hohe Einkünfte und Gewinne [244: SCHISS-

Rationale Land- LER, Junker, 89–122; 135: RICHTER, Die böhmischen Länder, 475–
wirtschaft 497]. Die Agrarkonjunktur weckte beim Adel aber auch ein reges Interesse an der Landwirtschaft. Viele studierten in England oder lernten auf Reisen die Neuerungen der „rationalen Landwirtschaft" kennen. Viele Standesherren führten die Stallfütterung und neue Pflanzen (Kartoffeln, Klee, Raps, Flachs) ein, unternahmen saatzüchterische Versuche, verbesserten die Ackergeräte und beseitigten die Brache. Das neue wissenschaftliche Interesse an der Landwirtschaft fand u. a. in Potsdam in der Gründung der „Märkisch-Ökonomischen Gesellschaft" als einer adligen Gesellschaft seinen Niederschlag [159: MARTINY, Adelsfrage, 14; 148: CARSTEN, Junker, 75].

4.2 Adel und Bürokratie

Am Reichskammergericht mußten nach der Ordnung von 1495 die
Adlige Juristen Hälfte der 16 Assessoren altadligen, zumindest ritterbürtigen Stan-

4. Adlige „Nahrung" und Versorgung

des sein. 1521 aber wurde bereits gefordert, daß auch die Adligen „der Rechten gelehrt sein" sollten. Die Ordnung von 1555 verlangte schließlich von den Adligen bereits die gleichen Qualifikationen wie von den bürgerlichen Juristen. Die Adligen mußten „gleichergestalt auch der rechten gelehrt und gerichtlicher sachen geübt und erfahren und die gerichtlichen sachen zu referieren den andern gleich tüglich und geschickt sein" [259: JAHNS, Assessoren, 73]. Allerdings blieb den ritterbürtigen Assessoren aus Standesgründen weiterhin und auf Dauer der von den bürgerlichen Assessoren geforderte Erwerb eines juristischen Grades erspart.

In den Reichskleiderordnungen von 1498 bis 1577 nahm der gelehrte Jurist, der „Doctor legum", noch zusammen mit den Rittern innerhalb des Adels einen Platz ein. Dem Juristen mit Doktorgrad und Inhaber höherer Ämter wurde also ein Personaladel zugestanden. Seit der 2. Hälfte des 17. Jahrhunderts wurden die Voraussetzungen für eine Nobilitierung immer mehr gesenkt, und der Kreis der Adelswürdigen wurde immer größer. Dies führte dazu, daß in den größeren Territorien fast alle erfolgreichen höheren Beamten geadelt wurden und nur noch in den Geheimräten kleinerer Territorien bürgerliche Juristen zu finden waren. Aber auch in den kleineren Territorien in Süddeutschland wurden, wie WUNDER herausgefunden hat, mehr als die Hälfte der Geheimen Räte im Laufe ihrer Karriere vom Kaiser nobilitiert [265: WUNDER, Geheimratskollegien, 145–222].

Doctor legum

JAHNS macht auch darauf aufmerksam, daß im 17. und 18. Jahrhundert der Doktorgrad und die Lizentiatenwürde immer mehr abgewertet wurden, so daß erfolgsbetonte Juristen sich zusätzlich noch durch ein kaiserliches Diplom nobilitieren ließen, was ihnen zwar den Briefadel einbrachte, aber nicht die Gleichwertigkeit mit dem ritterbürtigen Adel. Viele landesherrliche Zentralbehörden und auch der Reichshofrat reagierten auf den Wertverlust des juristischen Grades und verlangten nun als Voraussetzung zur Einstellung nicht mehr den Doktorgrad oder die Lizentiatenwürde, sondern den Neuadel. So entstand nach JAHNS im 18. Jahrhundert ein neuer Karriere-Juristentyp: „Die Zwischenkategorie eines zwar rechtsgelehrten, aber nicht mehr graduierten, sondern statt dessen durch Diplom geadelten Juristen" [259: Assessoren, 95 f.].

In vielen Territorien schob sich zwischen Landesfürst und Stände eine höhere Beamtenschaft, die entweder vom Landesherrn oder von den Ständen eingesetzt sein konnte bzw. in den geistlichen Territorien von dem jeweiligen Domkapitel, wie GERHARD [256:

Amtsträger

Amtsträger] aufgezeigt hat. Ihre Ämter waren weniger von ihren Amtsfunktionen her zu verstehen, sondern als besondere Positionen in der ständischen Gesellschaft. Denn ihre Amtsinhaber besaßen das Indigenat auf die Stellen der Adelsbank an den Regierungen und genossen zahlreiche Privilegien, wie Siegelmäßigkeit, Wappenrecht, Freiheit von den meisten Steuern und von Truppeneinquartierungen. Diese Amtsträger hoben sich deshalb deutlich von den Bürgerlichen ab und näherten sich dem Adel, in den sie aber nicht ohne weiteres integriert wurden. Nur selten kam es zum Konnubium. DEMANDT [254: Amt und Familie] hat die drei großen Zentralbehörden in Hessen des 16. Jahrhunderts untersucht und gefunden, daß nahezu 80% der Stellen von einer Familiengruppe von etwa 25 Familien besetzt wurden, die vornehmlich aus dem Patriziat der hessischen Städte stammten. Sie waren sozial und familiär gegenüber dem Bürgertum abgeschlossen, wurden aber auch nicht vom Adel akzeptiert.

4.3 Der adlige Offizier

WOHLFEIL [281: Heerwesen, 318–320] macht darauf aufmerksam, daß zwar im 16. Jahrhundert bereits die Streitmacht des Reiches oder eines Territorialfürsten nicht mehr mit dem Lehenswesen begründet wurde, daß aber grundsätzlich noch immer am adligen Lehensaufgebot festgehalten und der Adel noch lange an seine ritterlichen Pflichten erinnert wurde. So lassen sich in Österreich Zuzüge des Adels bis in den Dreißigjährigen Krieg belegen, und ein ganz später Beleg für die persönliche Abstellung der Lehensreiterei findet sich noch für das Jahr 1656 in Thüringen. In der Regel aber wurde seit der 2. Hälfte des 16. Jahrhunderts die Lehenspflicht durch Geld oder einen Ersatzmann abgegolten.

Die oranische Heeresreform führte zu einer Neuorientierung des Militärwesens und der Kriegskunst, wobei sie mit ihren ethischen Bindungen einer stark bürgerlichen Lebenshaltung entsprach, wie OESTREICH [274: Heeresreform, 22–49] hervorhebt. Die Reformer schufen die Voraussetzungen für den militärischen Führer, der als Offizier sich nicht allein durch Geburt und Stand zum Waffendienst berufen fühlte, sondern der bereit war, das Kriegshandwerk zu erlernen und sich ausbilden zu lassen, wie WOHLFEIL [281: Heerwesen, 342 f.] betont.

Wenn von ,,Militärsystem" [146: BÜSCH] oder gar ,,Militärstaat" [157: HINTZE, Hohenzollern] im Zeitalter des Absolutismus

4. Adlige „Nahrung" und Versorgung

die Rede ist, dann fällt der Blick sofort auf Brandenburg-Preußen [315: OESTREICH, Geist und Gestalt]. Das stehende Heer wurde in der zweiten Hälfte des 17. Jahrhunderts zur Sicherung der Souveränität nach innen und außen aufgestellt und machte den zu unumschränkter Herrschaft strebenden Landesfürsten unabhängig von den Steuerbewilligungen der Landstände, die in den meisten Landesteilen nicht mehr einberufen wurden. Von entscheidender Bedeutung aber war die Heranbildung einer militärischen Führungsschicht, des Offizierskorps.

MESSERSCHMIDT hebt als einmaliges Charakteristikum die „Monarchisierung" des Offizierskorps in Brandenburg-Preußen unter dem Großen Kurfürsten und seinen Nachfolgern hervor, also das enge Band zwischen dem Monarchen und seinen Offizieren. „Kurfürst Friedrich Wilhelm leitete die Zähmung des Adels in der Armee ein. Aber erst König Friedrich Wilhelm I. hat das einheitliche Offizierskorps geformt. Unter ihm wurden Staat und Gesellschaft in bisher nicht gesehenem Maße auf die Bedürfnisse eines extravaganten Heeres zugeordnet" [273: MESSERSCHMIDT, Preußens Militär, 46]. Durch ein System von Sonderrechten und Sonderpflichten hob der Soldatenkönig den Offiziersstand aus der Armee und der Gesellschaft heraus und schuf so einen Militäradel, der durch ein ausgeprägtes Standesbewußtsein mit eigener Ehrauffassung geprägt war.

Offizierskorps in Brandenburg-Preußen

Für WOHLFEIL war das preußische Offizierskorps vor allem geprägt von seiner Exklusivität, der Homogenität und der gesellschaftlichen Gleichwertigkeit aufgrund der adligen Zusammensetzung. Man war gleicher Herkunft, hatte die gleiche Kadettenanstalt besucht oder in etwa die gleiche Ausbildung genossen und besaß ein gemeinsames Ethos. Die gesellschaftliche Gleichrangigkeit reichte dabei vom Fähnrich bis zum General. Nach DEMETER [269: Herkunft] war das preußische Offizierskorps nicht nur eine Berufsgemeinschaft, sondern darüber hinaus sogar eine adlige Lebensgemeinschaft.

So gab es 1739 unter 34 Generalen keinen Bürgerlichen, unter 57 Obersten nur einen und unter 108 Majoren nur 8 Bürgerliche. Je höher die Chargen, desto exklusiver die Zusammensetzung. Allein die Familie Kleist stellte im 18. Jahrhundert 12 Generale, die von der Marwitz und die Schwerin je 11, die von der Goltz und Bredow je 9 [148: CARSTEN, Junker, 44].

Der preußische Militarismus und die blinde Treue des Offizierskorps sind nach 1945 heftig kritisiert und angegriffen worden, etwa von CARSTEN [148: Junker] oder ROSENBERG [161: Bureaucracy]. Aus dem adligen Kavalier sei der Exerziermeister geworden.

Aber selbst im exklusiven preußischen Heer boten sich Möglichkeiten des Aufstiegs für Bürgerliche. so wurden zwischen 1700 und 1806 nach W. GÖRLITZ [150: Junker] 51 Söhne von Unteroffizieren, Pfarrern, Beamten, Bauern, Kaufleuten, Handwerkern oder Lehrern zu Generalen befördert, womit in der Regel die Erhebung in den Adelsstand verbunden war. Die militärische Karriere qualifizierte also für den Eintritt in den Adelsstand. Im österreichischen Heer erhielt schließlich jeder Offizier nach 30 Dienstjahren das Ritterstandsdiplom verliehen [272: KUNISCH, Kleiner Krieg, 59]. In Preußen kamen die bürgerlichen Offiziere vielfach aus den kleinen Truppenteilen, dem „kleinen Krieg", wo die Offiziere nicht die übliche Karriere durchliefen, wie KUNISCH gezeigt hat. In den klassischen Waffengattungen dagegen wollte Friedrich II. kein „unadelig Geschmeiß" haben, weil ihm allein der Adel zu einem Kommando befähigt erschien.

Das Offizierskorps bei den Heeren der Reichskreise war dagegen entschieden bunter und weniger exklusiv, wie STORM für den Schwäbischen Kreis und SICKEN [277: Wehrwesen] für den Fränkischen Reichskreis nachgewiesen haben. So gehörten im Schwäbischen Kreisheer 1732 nur 68% der Kavallerieoffiziere dem Adel an, und bei der Infanterie waren es gar nur 46% der Offiziere. Allerdings wurden die höheren Chargen bevorzugt vom Adel eingenommen, so daß unter den Generalen kein Bürgerlicher war [279: STORM, Schwäbischer Kreis].

Militärische Karriere

Die militärische Karriere dauerte lange, und die Besoldung war in den Anfangsjahren schlecht. In der Regel verschrieb sich der Adlige dem Offiziersdienst auf Jahrzehnte, denn die meisten Adligen dienten bis zum Kapitäns-, Majors- oder Oberstenrang. Nach erfolgreicher Karriere war nach etwa 15 Jahren der Kapitänsrang zu erreichen. Anschließend blieb man etwa 8 Jahre Kapitän, dann bis zu 6 Jahren Major, etwa 2 Jahre Obristleutnant und für etwa 6 Jahre Obrist. Gute 50 Jahre also war ein Adliger alt, wenn er als Obrist wieder auf sein Gut zurückkehrte. Dort stellte sich der ehemalige Offizier weiterhin dem Staate zur Verfügung, sei es als Landrat oder in den „Landschaften". Offiziere prägten das Landratsamt und die ständischen „Landschaften", die sich zum Mittelpunkt des politischen Lebens des Adels entwickelten, wie BÜSCH [319: Militärsystem, 141] nachgewiesen hat. „Das Landschaftswesen mit seinen vielfältigen Auswirkungen, das nicht nur den Junker als Gutsherrn

4. Adlige „Nahrung" und Versorgung

schützte, sondern auch den adeligen Offizier in seiner Existenzgrundlage, hat die wirtschaftliche, soziale und politische Stellung des Adels im Rahmen der Monarchie nicht nur gefestigt, sondern sogar noch gehoben" [319: ebd., 142]. „Die beherrschenden Positionen in der Gesellschaft waren dem Adel garantiert, weil zwischen dem Junkertum als Schicht adliger Gutsherren und Inhaber ständischer Privilegien einerseits und dem dynastisch-bürokratisch-absoluten Staat andererseits im Preußen des 18. Jahrhunderts ein politisches Bündnis wirksam wurde, das sich besonders deutlich im Militärsystem, in der Übernahme der wichtigsten Funktionen in diesem System durch die Junkerschicht, ausprägte" [319: ebd., 142]. *Militärsystem*

Erst wenn ein Offizier eine Kompanie erhielt, konnte er standesgemäß leben. Denn neben seinem Sold als Kapitän bezog der Junker noch zahlreiche Einnahmen aus der Kompaniewirtschaft. Dazu kamen weitere finanzielle Zuwendungen in Form von Schenkungen, Pfründen, Sinekuren oder einträglicher Zivilposten. BÜSCH [319: ebd., 118-120] errechnet aus der Kompaniewirtschaft durch Einsparungen an Werbegeldern, Reparaturgeldern, Gewehrgeldern, Arzneigeldern und Pferderationen für einen Kompaniechef jährlich zusätzliche Einnahmen in Höhe von 2132 Talern. Wegen dieser Einnahmen blieben alle Offiziere bis hinauf zum General Chef einer Kompanie. Die höheren Offiziere bezogen weiterhin noch Douceurgelder, also beträchtliche Aufwandsentschädigungen. Insgesamt bezog ein Obristleutnant jährlich 5054 Taler, ein Generalmajor über 6000 Taler. Erfolgreiche Offiziere konnten zudem auf hohe Schenkungen durch den König rechnen. „Seit König Friedrich Wilhelm I. war es möglich, daß Offiziere in höherem Alter und bei höheren Chargen durchaus größere Vermögen erwerben konnten [319: ebd., 133]. *Kompaniewirtschaft*

An verdiente ältere Offiziere wurden auch gerne Amtshauptmannschaften als Sinekuren verliehen, aber auch die einträglichen Domstifts- und Kollegiatspräbenden, die jährlich bis zu 2200 Taler einbrachten. Bei ausgedienten Offizieren galt die Überlassung einer Pfründe als eine Art Pension. Das von vielen Junkern im Heer erworbene oder verbesserte Vermögen kam wiederum der Familie zugute und muß auch in der Landwirtschaft eine Rolle gespielt haben, denn viel Offiziersvermögen floß in die Landwirtschaft oder in einen Rittergutsbesitz.

Trotz aller wirtschaftlichen Möglichkeiten und der Fürsorge des Staates für das Militär stellten gegen Ende des 18. Jahrhunderts die vielen verarmten Offiziere ein schwieriges Problem dar. Für sie wurde 1787/88 eine Invalidenversorgungskasse gegründet, der bald eine Offizierswitwenkasse folgte. Den schlecht besoldeten Offizieren suchte der Staat auch die teure Ausbildung ihrer Söhne abzunehmen, indem er die Zahl der Kadettenplätze deutlich steigerte, und für die Offizierstöchter wurde 1774 in Potsdam ein eigenes Institut gegründet. Offensichtlich reichten diese Maßnahmen aber nicht aus, denn 1789 mußte das Betteln von Offizieren verboten werden [159: MARTINY, Adelsfrage, 68–74].

5. Adel in den Landständen – ein Überblick

Da die Rolle des Adels in den Landständen bereits bei den einzelnen Territorien abgehandelt und auch der jeweilige Forschungsstand diskutiert worden ist, soll in einem knappen Überblick die „landständische Verfassung als Gegenstand der Forschung" [303: BIRTSCH, Landständische Verfassung] angesprochen werden.

Landständische Verfassung als Gegenstand der Forschung

Die Existenz von Landständen ist ein Grundelement der deutschen Territorialgeschichte des späten Mittelalters und der Frühen Neuzeit. Sie reichen in veränderter Form bis in das 19. Jahrhundert hinein und im Sonderfall Mecklenburg sogar bis 1918. Bei der Vielzahl der Territorien und ihrem unterschiedlichen Entwicklungsstand sowie bei dem großen Variantenreichtum ständischer Verfassungsverhältnisse und ständischer Aktivitäten kann man nicht von *der* landständischen Verfassung sprechen. „Es gab lauter besondere Typen" [307: HINTZE, Typologie]. Letztlich müßte jedes Territorium und seine ständische Verfassung einzeln betrachtet werden, um die jeweiligen Besonderheiten hervorheben zu können [65: VIERHAUS]. Hintze hat in seiner Typologie der ständischen Verfassungen zwischen Zweikammer- und Dreikuriensystem unterschieden. Bei den deutschen Territorialstaaten, die er im ganzen dem Dreikuriensystem zuordnete, unterschied er die westdeutschen Territorien, die den Typus des Dreikuriensystems in ausgeprägter Form zeigten, von den Territorien auf ostelbischem Gebiet, die mehr dem Zweikammersystem zuneigten.

Nach G. OESTREICH [310: Ständetum] läßt sich die Geschichte der landständischen Verfassung und der Ausbildung des deutschen Territorialstaates in drei Abschnitte unterteilen:
1. die Vorform oder Frühform eines dualistischen politischen Verbandes im 14./15. Jahrhundert;

5. Adel in den Landständen – ein Überblick

2. die erste Stufe des frühneuzeitlichen Staates im 16. Jahrhundert, die er mit dem Begriff „Finanzstaat" charakterisiert;
3. die Stufe des frühneuzeitlichen Staates, die er als „Militär-, Wirtschafts- und Verwaltungsstaat" bezeichnet. Dieser hat sich seit der 2. Hälfte des 17. Jahrhunderts ausgebildet und wurde von den kleineren Staaten nicht erreicht.

In den drei Phasen spielte das Verhältnis von lokaler Herrengewalt und landesfürstlicher Obrigkeit eine entscheidende Rolle. Dabei wiederum kam dem Adel auf lokaler Ebene und in den Landständen eine dominierende Rolle zu. Im 16. Jahrhundert, dem Höhepunkt der Ständeverfassung, besaßen die meisten deutschen Landstände umfangreiche Privilegien und vor allem das Recht, Steuern zu bewilligen. Die tradierten Rechte der Stände blieben unanfechtbar, der Landesherr war in seiner Gesetzgebung konsensgebunden, und ein begrenzter Kreis Konsensberechtigter hatte das Recht auf Mitwirkung, voran der eingesessene Adel.

Da die meisten Landstände im 16. Jahrhundert auch die Schulden ihres Landesherrn übernehmen mußten, um die politische Ordnung aufrechtzuerhalten, erwarben sie zugleich auch entscheidenden Einfluß auf die Finanzverwaltung des Fürstentums. Vor allem entstand neben der fürstlichen Finanzverwaltung eine eigene große Finanzverwaltung der Stände für die von den Landtagen oder den Landtagsausschüssen bewilligten Steuern. Diese Landeskassen der Stände führten die unterschiedlichsten Bezeichnungen. Sie hießen etwa in Bayern die Landschaft, in Mecklenburg der Landkasten oder in Brandenburg das ständische Kreditwerk. Ritterschaft und Städte zogen auf lokaler Ebene die Steuern ein und führten sie an die ständische Kasse ab [141: BAUMGART, Kurmärkische Stände; 179: ARETIN, Landschaftsverordnung].

Wurde die Zuziehung der Stände im 16. Jahrhundert noch überall praktiziert, so wurde dies seit der Mitte des 17. Jahrhunderts von den meisten Landesfürsten nicht mehr für notwendig erachtet. Die Wiederaufbauarbeit nach den schweren Schäden des Dreißigjährigen Krieges wurde zumindest in den größeren Territorialstaaten zentral geleistet, und die landständische Mitwirkung wurde vielfach auf die Ausschüsse begrenzt, Gesamtlandtage wurden nicht mehr einberufen. „Der verstärkte Ausbau der territorialstaatlichen Souveränität, der sich auf dem miles perpetuus, eine leistungsfähigere Verwaltung und die Erschließung neuer Steuern stützte, ließ die Bedeutung der Stände in den Hintergrund treten" [303: BIRTSCH, Landständische Verfassung, 49]. Doch die Ausschüsse leisteten weiterhin bedeutende Verwaltungsarbeit vor allem im Steuer- und Finanzwesen, und die Landschaftskassen wurden zu wichtigen Bankinstituten, wie etwa in Bayern [179: ARETIN, Landschaftsverordnung, 243].

Vielfach haben die Reichsgerichte auch die Landstände in ihrem Selbstbehauptungswillen gegen den fürstlichen Absolutismus im „Militär-, Wirtschafts- und Verwaltungsstaat" [310: OESTREICH, Ständetum] unterstützt, vor allem gegen die Verletzung von Privilegien und gegen unberechtigte Erhebungen von Steuern. Insgesamt hat der absolutistische Obrigkeitsstaat die ständische Autonomie vor allem des Adels zwar bekämpft und zumeist auch eingeschränkt, aber nicht völlig beseitigen können. Dabei spielte stets, abgesehen von dem rein bürgerlichen Landtag in Württemberg, bei der Zusammensetzung, bei den Kompetenzen, den Verfahren, dem Selbstverständnis und der politischen Leistung der Stände der Adel die entscheidende Rolle, und zwar sowohl auf den Vollversammlungen als auch in den Ausschüssen.

Die landständische Verfassung, die zu Beginn des 16. Jahrhunderts fest ausgebildet war, besaß in der Regel drei Kammern aus Prälaten, Adel und Bürgern. Im Zuge der Reformation kam es durch den Wegfall der Prälaten in den protestantischen Territorien zu Zweikammersystemen. In Württemberg und Franken schieden die Ritter durch ihre Verselbständigung in die freie Reichsritterschaft aus dem Territorialverband aus. In den geistlichen Fürstentümern Süddeutschlands übernahmen die Domkapitel die Vertretung der ständischen Interessen [105: PFEIFFER, Studien].

In Nordwestdeutschland, in Hannover, Braunschweig und den vielen geistlichen Territorien blieb der Adel auf den Landtagen die dominierende Kraft. Auch blieben die landständischen Verfassungen erhalten und funktionsfähig. Auch in Schwedisch-Pommern dominierte der Adel die Landstände, desgleichen in Hessen und in Bayern [212: VIERHAUS, Landstände in Nordwestdeutschland; 209: VON OER, Landständische Verfassung; 204: KLUETING, Ständewesen; 181: BOSL, Repräsentation in Bayern].

In Böhmen und Mähren dagegen wurde die Macht der Stände durch die Landesverordnungen von 1627/28 endgültig zerbrochen, und auch in der Oberpfalz wurde die landständische Verfassung 1629 aufgehoben. Eine echte Macht dagegen besaßen auch im 18. Jahrhundert noch die Stände in Hannover, Kursachsen und Mecklenburg. In der Kurpfalz, in Kursachsen, Württemberg und zuvor schon in Kurbrandenburg retteten die Landstände den Bestand und die Freiheiten der Landesreligion beim Religionswechsel ihrer Dynastien. In Hessen-Kassel zwangen die Stände sogar den kalvinistischen Landgrafen Moritz wegen seiner radikalprotestantischen Politik zur Abdankung. Berühmt ist die Verteidigung der ständischen Rechte in Mecklenburg und Württemberg gegen den Absolutismus der Fürsten.

Vor allem in Brandenburg-Preußen mußten sich die Stände, wie vielleicht in keinem anderen Territorialstaat im Reich, während des Absolutismus mit einer Rolle im Schatten der monarchischen Gewalt begnügen, wenn auch hier der absolutistische Machtanspruch sich nicht vollständig durchsetzen konnte. Aber schon für das 16. Jahrhundert darf der Begriff des „Ständestaates" auf Brandenburg nicht mehr angewandt werden. Nur auf dem Gebiet der Steuerbewilligung und der Schuldenverwaltung konnten die Stände eine starke Position gewinnen, ansonsten verstanden es die Landesfürsten, ihr Machtübergewicht zu behaupten [141: BAUMGART, Kurmärkische Stände; 154: HEINRICH, Adel].

Die endgültige Verdrängung aus dem inneren Bereich der politischen Willensbildung im absoluten Staat seit der Regierung des Großen Kurfürsten hat jedoch in Brandenburg-Preußen keineswegs zu einem Niedergang des Ständewesens geführt. Der bisher auf die Gutswirtschaft beschränkte Adel fand zunehmend neue Funktionen in der Hof- und Staatsverwaltung und im Offizierskorps. Der enge Bund zwischen Monarchie und Adel wurde zu einem Grundpfeiler des absolutistischen Systems.

Doch selbst in Brandenburg-Preußen konnten bis 1713 die Stände ihre Finanzen selbständig und ohne staatliche Kontrolle verwalten, doch dann wurden sie der Zentralkontrolle unterworfen.

Gegen Ende des 18. Jahrhunderts setzte sogar in vielen Territorien eine deutliche Renaissance der landständischen Verfassungen ein, wobei wiederum der Adel die führende Rolle übernahm.

Die Landstände werden von verschiedenen Forschern [181: BOSL, Repräsentation in Bayern; 306: GRUBE, Stuttgarter Landtag; 314: BRANDT, Landständische Repräsentation] als Vorläufer des modernen Parlamentarismus gesehen und verstanden, als ständische Repräsentativsysteme in der Frühen Neuzeit, die eine positive Bedeutung für die Ausbildung des modernen Staates besessen haben. E. WEIS dagegen behauptet, daß es zwar „einige grundsätzliche und auch einige prozedurale Gemeinsamkeiten" zwischen den Ständen des 18. Jahrhunderts und den frühkonstitutionellen Parlamenten des 19. Jahrhunderts gegeben habe, doch waren die letzteren „etwas grundsätzlich anderes und Neues, das bereits der Entwicklungsphase des modernen Parlamentarismus viel näher stand als den alten Ständen" [313: WEIS, Kontinuität und Diskontinuität, 338].

Nach Meinung von F. L. CARSTEN sei bei der Darstellung des „dualistischen Ständestaates" etwa in den Forschungen von F. HARTUNG oder G. OESTREICH zu einseitig die Leistung der Fürsten herausgestellt und überbetont worden. CARSTEN vertritt dagegen die These, daß die Landstände „den Geist verfassungsmäßiger Regierung und der Freiheit auch in der Zeit des Absolutismus" bewahrt hätten. Er will den Landständen einen „Ehrenplatz in der deutschen Geschichtsschreibung" reserviert wissen [308: Landstände, 340]. Dagegen beharrte F. HARTUNG auf seinem Standpunkt, daß im „dualistischen Territorialstaat" der Fürst der entscheidende Faktor gewesen und daß deshalb sogar die Bezeichnung „Ständestaat" abzulehnen sei [309: Ständischer Dualismus, 28–46]. Er hatte zuvor schon in der Auseinandersetzung mit W. NÄF seine Einschätzung der Bedeutung der Landstände dargelegt. NÄF sah nämlich die Ausbildung des modernen Staates durch einen „Konflikt und Prozeß im allgemeinen" charakterisiert, innerhalb dessen die Stände „über veraltetes Lehensrecht hinaus" sich in einem Vertrag mit dem König an der Entwicklung des „modernen Staates" beteiligen wollten, und zwar „als verbundene Zweiheit staatstragender, staatsentwickelnder Kräfte" [311: Herrschaftsverträge, 218]. Land und Fürst zusammen machten den Staat aus. Als „sozusagen staatsbiologisch unumgänglich" hat NÄF den Dualismus von Fürst und Ständen bezeichnet [312: Frühformen, 230]. F. HARTUNG hat dem entgegengehalten, daß in dem auch in Deutschland bestehenden Dualismus zwischen Fürsten und Ständen „nirgends ... das Ständetum zu einem wahrhaft gleichberechtigten, den Staat mittragenden Faktor" geworden sei. Denn die Intention der Stände sei vielmehr „auf möglichste Freiheit vom Staat innerhalb des eigenen Bezirks gerichtet" gewesen [309: Ständischer Dualismus, 43]. „Staatstragende Mitarbeit" und „Freiheit vom Staat" standen sich kompromißlos gegenüber.

G. OESTREICH schloß sich weitgehend CARSTEN an und stellte sich hinter sein Dualismusmodell [310: Ständetum, 61–73]. Nach BIRTSCH beurteilt aber CARSTEN die Rolle und Bedeutung zu einseitig positiv vom Standpunkt und Blickwinkel der modernen Repräsentativverfassung her [303: Landständische Verfassung, 35], und BAUMGART schließt sich dieser Kritik an [305: Kurmärkische Stände, 131–161]. Nach PRESS bedarf es vor allem prosopographisch-personengeschichtlicher Untersuchungen, um die Verflechtungen der einzelnen Ständemitglieder mit Regierung und Fürst aufzeigen zu können. Die Landstände in ihrer territorialen Vielfalt bedürfen noch intensiver und kritisch-abwägender Forschung, um zu einer abschließenden Wertung und Einordnung gelangen zu können [132: Adel, 19–32].

III. Quellen und Literatur

Die verwendeten Abkürzungen entsprechen denen der „Historischen Zeitschrift".

A. Quellen

1. Archivalische Quellen

Ungemein zahlreich und keineswegs vollständig erfaßt sind die unterschiedlichen Adelsarchive, die „Herrschafts-, Familien- und Hausarchive". Viele dieser Archive haben ihre Selbständigkeit verloren und wurden in einem Staatsarchiv oder auch Kommunalarchiv hinterlegt. In den ostelbischen Gebieten sind offensichtlich auch viele Adels- oder Gutsarchive zerstört oder verschleudert worden, doch liegen hierüber keine genauen Daten vor.

Das Verzeichnis der „Archive und Archivare" führt nach dem Stand von 1981/82 rund 150 bedeutendere Adelsarchive auf. Ein knappes Drittel davon liegt in Baden-Württemberg und je ein Fünftel in Bayern und Nordrhein-Westfalen.

Das gleiche Verzeichnis nennt weiterhin 43 selbständige standesherrliche Archive, die zugleich auch Landesarchive der früheren Territorien sind. Von den insgesamt rund 200 standesherrlichen und bedeutenderen Adelsarchiven werden nur wenige von einem Archivar hauptamtlich betreut, so daß die Benutzung der Archive in der Regel schwierig ist. Auch ist viel Archivgut noch ungeordnet und unerschlossen.

Über die Bestände einzelner Adelsarchive geben die Inventarreihen der Archivpflege einzelner Bundesländer und der beiden nordrhein-westfälischen Landschaftsverbände Auskunft, die in unregelmäßigen Abständen publiziert werden. Denn in Nordrhein-Westfalen liegt ein Sonderfall vor. Hier unterhalten die Landschaftsverbände seit Ende der zwanziger Jahre Archivpflegestellen, denen im Rahmen der nichtstaatlichen Archivpflege u. a. auch die Betreuung der adligen Archive übertragen ist. Das 1961 gegründete

Adelsarchiv in Marburg besteht in der Hauptsache aus einer Bibliothek und zahlreichen genealogischen Sammlungen.

2. Gedruckte Quellen

Das Thema „Adel" hat aus verschiedenen Gründen die gesamte Frühe Neuzeit hindurch viele Autoren beschäftigt. Dies gilt etwa für die vielen gedruckten und keineswegs vollständig bibliographisch erfaßten Adelstheorien oder Ständelehren, die Abhandlungen zur Adelserziehung oder zu den Adelstugenden. Dies gilt weiterhin für die vielen akademischen Kleinschriften oder Texte zu Rechtsakten der Standeserhebung, zu Eignungsvorgaben der Nobilitanden, zu den verschiedenen Privilegien oder gar zu Territorialrechten und -streitigkeiten. Zu nennen sind aber auch die vielen Familiengeschichten, in denen sich häufig Legenden und Wahrheit mischen.

Unentbehrlich sind noch heute die umfangreichen Quellensammlungen und Abhandlungen der gelehrten Juristen des 17. und vor allem 18. Jahrhunderts.

1. J. S. BURGERMEISTER (Hrsg.), Bibliotheca equestris. Item das alte Thurnier-Buch. 2 Tle. Ulm 1720.
2. J. S. BURGERMEISTER (Hrsg.), Codex diplomaticus equestris cum continuatione oder Reichs-Archiv mit dessen Fortsetzung. Ulm 1704–1721.
3. J. S. BURGERMEISTER, Graven- und Ritter-Saal. Das ist gründliche Vorstellung und Ausführung des H. Röm. Reichs Grafen, Herren und die andere Reichs-Ritterschaft bey des H. Röm. Reichs dreyen namhafften Veränderungen (...) biß auf diese jetzige Zeiten mit ihren Aemtern, Rechten, Freyheiten und Gewohnheiten gegen- und beyeinander gestanden. Ulm 1715.
4. DEUTSCHE ENCYCLOPÄDIE, oder Allgemeines Real-Wörterbuch aller Künste und Wissenschaften. 23 Bde. Frankfurt a. M. 1778–1804.
5. J. H. G. v. JUSTI, Abhandlung von dem Wesen des Adels und dessen Verhältniß gegen den Staat und insonderheit gegen die Commercien, in: Ders., Gesammelte politische und Finanzschriften. Über wichtige Gegenstände der Staatskunst, der Kriegswissenschaften und des Kameral- und Finanzwesens. 1. Bd. Kopenhagen/Leipzig 1761. ND Aalen 1970, 147–192.
6. J. H. G. v. JUSTI, Der handelnde Adel dem der kriegerische entgegengesetzt wird. Leipzig 1756.

A. Quellen 119

7. J. H. G. v. Justi, Staatswirtschaft. Oder systematische Abhandlung aller ökonomischen und Kameralwissenschaften, die zur Regierung eines Landes erfordert werden. 1. Bd. Leipzig ²1758, ND Aalen 1963.
8. J. G. Kerner, Staats-Land-Recht, Staats-Genossenschafts-Recht, Staats-Reichs-Recht der unmittelbaren freien Reichsritterschaft in Schwaben, Franken und am Rheine. 3 Bde. Lemgo 1786–1789.
9. P. Knipschild, Von der Ritterschaft, Staat und Session. 1644.
10. J. G. Leib, Von Verbesserung Land und Leuten. Erste Rede. Leipzig/Frankfurt a. M. 1708.
11. J. C. Lünig (Hrsg.), Das teutsche Reichs-Archiv. 24 Bde. 1710–1722.
12. J. C. Lünig (Hrsg.), Thesaurus Juris derer Grafen und Herren. Frankfurt a. M. 1725.
13. J. Möser, Warum bildet sich der deutsche Adel nicht nach dem englischen? Patriotische Phantasien IV, in: Sämtliche Werke 7. Bearb. L. Schirmeyer. Berlin 1954, 203–208.
14. J. J. Moser, Beyträge zu Reichs-Ritterschaftlichen Sachen. 4 St. 1775.
15. J. J. Moser, Neueste Geschichte der unmittelbaren Reichsritterschaft. 2 Bde., Frankfurt a. M. 1775–1776.
16. J. J. Moser, Neues Teutsches Staatsrecht. 24 Bde. Frankfurt 1766–1782. ND Osnabrück 1967–1968.
17. J. J. Moser, Teutsches Staats-Recht. 53 Tle. Nürnberg 1737–1754. ND Osnabrück 1968–1969.
18. J. J. Moser, Vermischte Nachrichten von Reichs-Ritterschaftlichen Sachen. 6 Tle. Nürnberg 1772–1773.
19. J. J. Moser, Von denen Teutschen Reichs-Ständen, der Reichs-Ritterschaft, auch denen übrigen unmittelbaren Reichs-Glidern. Frankfurt a. M. 1767.

3. Genealogien, Adelslexika

20. Deutsches Familienarchiv. 1 (1952)ff.
21. A. Fahne, Denkmale und Ahnentafeln in Rheinland und Westfalen. 6 Bde. Düsseldorf 1875–83.
22. A. Fahne, Geschichte der Kölnischen, Jülichschen und Bergischen Geschlechter in Stammtafeln, Wappen, Siegeln und Urkunden. 2 Tle. Düsseldorf 1848–53. ND Osnabrück 1965.

23. A. FAHNE, Geschichte der westphälischen Geschlechter unter besonderer Berücksichtigung ihrer Übersiedlung nach Preußen, Curland und Liefland. Düsseldorf 1858. ND Osnabrück 1966.
24. K. F. V. FRANK zu DÖFERING, Standeserhebungen und Gnadenakte für das Deutsche Reich und die österreichischen Erblande bis 1805. 4 Bde. Senftenegg 1967–1974.
25. O. FUHRMANN, Das bergische Ritterbuch. Das Ritter- und Landrecht der Grafschaft Berg. Düsseldorf 1937.
26. J. GALLANDI, Altpreußisches Adelslexikon. Königsberg 1926–1935.
27. Genealogisches Handbuch des Adels. Fürstliche Häuser. Bisher 13 Bde. Gräfliche Häuser. Bisher 12 Bde. Freiherrliche Häuser. Bisher 15 Bde. Adelige Häuser. Bisher 21 Bde. Glücksburg 1951–1958; danach Limburg.
28. Genealogisches Handbuch des in Bayern immatrikulierten Adels. Hrsg. v. d. Vereinigung des Adels in Bayern, München. Bisher 18 Bde. Neustadt a. d. Aisch.
29. H. GERLACH/K. Frhr. V. D. GOLTZ/J. V. D. GOLTZ, Nachrichten über die Familie der Grafen und Freiherren von der Goltz 1885–1960. Neustadt a. d. Aisch 1960.
30. GOTHAISCHES GENEALOGISCHES TASCHENBUCH. Fürstliche Häuser. 179 Bde. Gotha 1764–1942. Gräfliche Häuser. 115 Bde. Gotha 1825–1942. Freiherrlicher Häuser. 92 Bde. Gotha 1848–1942. Adelige Häuser. 34 Bde. Gotha 1907–1942.
31. M. GRITZNER, Bayerisches Adels-Repertorium der letzten drey Jahrhunderte, Görlitz 1880.
32. M. GRITZNER, Standeserhebungen und Gnadenakte deutscher Landesfürsten während der letzten drei Jahrhunderte. Görlitz 1881.
33. H. GROTE (Hrsg.), Geschlechts- und Wappenbuch des Königreichs Hannover und des Herzogthums Braunschweig. Hannover 1852.
34. F.-J. Fürst zu HOHENLOHE-SCHILLINGSFÜRST (Hrsg.), Genealogisches Handbuch des in Bayern immatrikulierten Adels, 6 Bde. Schellenberg 1950–1957.
35. W. K. Prinz V. ISENBURG, Stammtafeln zur Geschichte der europäischen Staaten. 4 Bde. Marburg 1953. ^{2}1956.
36. E. H. KNESCHKE (Hrsg.), Neues allgemeines Deutsches Adels-Lexikon. 9 Bde. Hildesheim/New York 1973.
37. H. LIEBERICH, Übersicht über die im Herzogtum Baiern landsässigen Geschlechter und ihre Besitzungen seit der Mitte des

15. Jahrhunderts bis zum Ausgang der Landschaft (1807), in: Mitteilungen für die Archivpflege in Oberbayern 15–22, 1943–1945, 309–11.
38. ÖSTERREICHISCHES FAMILIENARCHIV. Adelsfamilien der ehemaligen österreichisch-ungarischen Monarchie. Bisher 3 Bde. Neustadt a. d. Aisch 1963–1969.
39. F.-C. Frhr. v. STECHOW, Die Stechows und ihre Zeit. 1000 Jahre im Wandel der Jahrhunderte. Geschlechtshistorie der Herren und Freiherren von Stechow. Bibliothek familengeschichtlicher Arbeiten 45. Neustadt a. d. Aisch 1983.
40. Vierteljahresschrift für Heraldik, Sphragistik und Genealogie. Seit 1890: Vierteljahresschrift für Wappen-, Siegel- und Familienkunde 1 (1873) – 57 (1931).
41. H. WÄTJEN, Von der Osten. Braunschweig 1960.

B. Literatur

1. Adel allgemein – Übersichten

42. ADEL IM WANDEL. Politik – Kultur – Konfession 1500–1700. Österreischische Landesausstellung 1989. Wien 1990.
43. K. BLEEK/J. GARBER, Nobilitas. Standes- und Privilegienlegitimation in deutschen Adelstheorien des 16. und 17. Jahrhunderts, in: Daphnis 11 (1982) 49–114.
44. K. BOSL, H. MOMMSEN, Adel, in: Sowjetsystem und Demokratische Gesellschaft, Bd. 1. Freiburg 1966, Sp. 51–74.
45. O. BRUNNER, Adeliges Landleben und europäischer Geist. Leben und Werk Wolf Helmhards von Hohberg 1612–1688. Salzburg 1949.
46. O. BRUNNER, Neue Wege der Sozialgeschichte. Göttingen 1956.
47. W. CONZE, Adel, Aristokratie, in: O. Brunner, W. Conze, R. Koselleck (Hrsg.), Geschichtliche Grundbegriffe. Historisches Lexikon zur politisch-sozialen Sprache in Deutschland 1. Stuttgart 1972, 1–48.
48. R. ENDRES (Hrsg.), Adel in der Frühneuzeit. Ein regionaler Vergleich. Köln, Wien 1991.
49. R. ENDRES, Die deutschen Führungsschichten um 1600, in: [52:] Hofmann/Franz, Führungsschichten, 1980, 79–109.
50. HEYDENREICH, Ritterorden und Rittergesellschaften. Würzburg 1960.
51. H. H. HOFMANN, Eliten und Elitentransformation in Deutschland zwischen der französischen und der deutschen Revolution, in: [52:] Hofmann/Franz, Führungsschichten, 143–171.
52. H. H. HOFMANN/G. FRANZ (Hrsg.), Deutsche Führungsschichten in der Neuzeit. Eine Zwischenbilanz. Boppard am Rhein 1980.
53. P. U. HOHENDAHL/P. M. LÜTZELER (Hrsg.), Legitimationskrisen des deutschen Adels 1200–1900. Literaturwissenschaft und Sozialwissenschaften 11. Stuttgart 1979.
54. E. R. HUBER, Deutsche Verfassungsgeschichte seit 1789, Bd. 1, Stuttgart/Berlin/Köln/Mainz ³1988.
55. H. KELLENBENZ, Der Merkantilismus und die soziale Mobilität. Wiesbaden 1965.

56. J. KUNISCH, Die deutschen Führungsschichten im Zeitalter des Absolutismus, in: [52:] Hofmann/Franz, Führungsschichten, 111–141.
57. V. PRESS, Führungsgruppen in der deutschen Gesellschaft im Übergang zur Neuzeit (um 1500), in: [52:] Hofmann/Franz, Führungsschichten, 1980, 29–77.
58. V. PRESS, Soziale Fragen des Dreißigjährigen Krieges, in: [64:] Schulze, Ständische Gesellschaft, 239–268.
59. A. V. REDEN-DOHNA/R. MELVILLE (Hrsg.), Der Adel an der Schwelle des bürgerlichen Zeitalters 1780–1860, Stuttgart 1988.
60. H. RÖSSLER (Hrsg.), Deutscher Adel 1430–1555. Büdinger Vorträge 1963. Darmstadt 1965.
61. H. RÖSSLER (Hrsg.), Deutscher Adel 1555–1740. Büdinger Vorträge 1964. Darmstadt 1965.
62. D. SAALFELD, Die ständische Gliederung der Gesellschaft Deutschlands im Zeitalter des Absolutismus, in: VSWG 67, 1980, 457–483.
63. W. SCHULZE (Hrsg.), Ständische Gesellschaft und soziale Mobilität. Schriften des Historischen Kollegs. Kolloquien 12. München 1988.
64. W. SCHULZE, Die ständische Gesellschaft des 16./17. Jahrhunderts als Problem von Statik und Dynamik, in: [63:] Schulze (Hrsg.), Ständische Gesellschaft, 1–18.
65. R. VIERHAUS (Hrsg.), Der Adel vor der Revolution. Zur sozialen und politischen Funktion des Adels im vorrevolutionären Europa, Göttingen 1971.
66. H.-U. WEHLER (Hrsg.), Europäischer Adel 1750–1950, Göttingen 1990.

2. Reichsfürsten und Reichsgrafen

67. E. BÖHME, Das fränkische Reichsgrafenkollegium im 16. und 17. Jahrhundert. Untersuchungen zu den Möglichkeiten und Grenzen der korporativen Politik mindermächtiger Reichsstände. Stuttgart 1989.
68. R. GLAWISCHNIG, Die Bündnispolitik des Wetterauer Grafenvereins (1565–1583), in: NassAnn 83 (1972), 78–98.
69. R. GLAWISCHNIG, Niederlande, Kalvinismus und Reichsgrafenstand 1559–1584. Nassau-Dillenburg unter Graf Johann VI. Marburg 1973.

70. K. S. BADER, Der deutsche Südwesten in seiner territorial-staatlichen Entwicklung, Sigmaringen ²1978.
71. O. v. GSCHLIESSER, Der Reichshofrat. Bedeutung und Verfassung, Schicksal und Besetzung einer obersten Reichsbehörde von 1559 bis 1806. Wien 1942. ND Nendeln 1970.
72. L. HATZFELD, Zur Geschichte des Reichsgrafenstandes, in: NassAnn 70 (1959) 41–54.
73. W. HERMKES, Das Reichsvikariat in Deutschland. Reichsvikare nach dem Tod des Kaisers bis zum Ende des Reiches. Karlsruhe 1968.
74. W. HEINEMEYER (Hrsg.), Vom Reichsfürstenstande. Köln/Ulm 1987.
75. H. KESTING, Geschichte und Verfassung des Niedersächsisch-Westfälischen Reichsgrafen-Kollegiums, in: WestfZ 106 (1956), I, 175–246.
76. T. KLEIN, Die Erhebungen in den deutschen Reichsfürstenstand 1550–1806, in: BlldtLG 122 (1986) 137–192.
77. G. KOLLMER, Die Familie Palm. Soziale Mobilität in ständischer Gesellschaft. Ostfildern 1983.
78. F. MAGEN, Reichsgräfliche Politik in Franken. Zur Reichspolitik der Grafen von Hohenlohe am Vorabend und zu Beginn des Dreißigjährigen Krieges. Schwäbisch Hall 1975.
79. G. OESTREICH, Grafschaft und Dynastie Nassau im Zeitalter der konfessionellen Kriege, in: BlldtLG 96 (1960) 22–49.
80. V. PRESS, Adel im Reich um 1600. Zur Einführung, in: Spezialforschung und „Gesamtgeschichte". Beispiele und Methodenfragen zur Geschichte der frühen Neuzeit. Hrsg. v. G. Klingenstein/H. Lutz. München 1982, 15–47.
81. V. PRESS, Das römisch-deutsche Reich – ein politisches System in verfassungs- und sozialgeschichtlicher Fragestellung, in: [80:] Klingenstein/Lutz (Hrsg.), Spezialforschung und „Gesamtgeschichte", 221–242.
82. V. PRESS/D. WILLOWEIT (Hrsg.), Liechtenstein – Fürstliches Haus und staatliche Ordnung. Vaduz/Wien ²1988.
83. V. PRESS, Reichsgrafenstand und Reich. Zur Sozialgeschichte des deutschen Hochadels in der frühen Neuzeit, in: Festschrift für Gerhard Schulz. Berlin 1989.
84. V. PRESS, Vorderösterreich in der habsburgischen Reichspolitik des späten Mittelalters und der frühen Neuzeit, in: Vorderösterreich in der frühen Neuzeit. Hrsg. v. H. Maier, V. Press. Sigmaringen 1989, 1–41.

85. V. Press, Zur Verfassungs- und Sozialgeschichte des Reiches, in: [80:] Klingenstein/Lutz, Spezialforschung und „Gesamtgeschichte", 221–242.
86. G. Schmidt, Städtecorpus und Grafenverein. Möglichkeiten und Grenzen der Zusammenarbeit kleiner Reichsstände zwischen dem Wormser und dem Speyrer Reichstag, in: ZHF 10 (1983) 41–71.
87. K. Fürst zu Schwarzenberg, Geschichte des reichsständischen Hauses Schwarzenberg. Neustadt/Aisch 1963.
88. W. Trossbach, Fürstenabsetzungen im 18. Jahrhundert, in: ZHF 13 (1986) 425–454.
89. F. Uhlhorn, Graf Reinhard zu Solms, Herr zu Münzenberg 1491–1562. Marburg 1952.

3. Reichsritterschaft

90. H. v. Mauchenheim gen. Bechtolsheim, Des Heiligen Römischen Reichs unmittelbar-freie Ritterschaft zu Franken Ort Steigerwald im 17. und 18. Jahrhundert. Würzburg 1972.
91. H. Buszello/P. Blickle/R. Endres (Hrsg.), Der deutsche Bauernkrieg. Paderborn/München/Wien/Zürich ²1991.
92. W. Danner, Die Reichsritterschaft im Ritterkantonsbezirk Hegau in der 2. Hälfte des 17. und 18. Jahrhunderts. Diss. Konstanz 1969.
93. H. Duchhardt, Reichsritterschaft und Reichskammergericht, in: ZHF 5 (1978) 315–337.
94. R. Endres, Adel und Patriziat in Oberdeutschland, in: [63:] Schulze (Hrsg.), Ständische Gesellschaft, 221–238.
95. R. Endres, Die Folgen des 30jährigen Krieges in Franken, in: Wirtschaftsentwicklung und Umweltbeeinflussung (14.–20. Jahrhundert). Hrsg. v. H. Kellenbenz. Stuttgart 1982, 125–145.
96. R. Endres, Der Niederadel in Tirol und Süddeutschland zur Zeit des Bauernkrieges, in: Die Bauernkriege und Michael Gaismair. Hrsg. v. F. Dörrer. Innsbruck 1982, 55–67.
97. R. Endres, Die preußische Ära in Franken, in: [140:] Baumgart (Hrsg.), Expansion, 169–194.
98. R. Endres, Die Reichsritterschaft, in: Handbuch der bayerischen Geschichte III/1. Hrsg. v. M. Spindler, München ²1979, 381–389.
99. R. Endres, Die voigtländische Ritterschaft, in: [48:] Endres (Hrsg.), Adel in der Frühneuzeit, 55–72.

100. HELLSTERN, Der Ritterkanton Neckar-Schwarzwald 1560–1805. Untersuchungen über die Korporationsverfassung, die Funktionen des Ritterkantons und die Mitgliedsfamilien. Tübingen 1971.
101. H. HOLBORN, Ulrich von Hutten, Göttingen ²1968.
102. G. KOLLMER, Die schwäbische Reichsritterschaft zwischen Westfälischem Frieden und Reichsdeputationshauptschluß. Untersuchung zur wirtschaftlichen und sozialen Lage der Reichsritterschaft in den Ritterkantonen Neckar-Schwarzwald und Kocher. Stuttgart 1979.
103. M. MAYER, Die Bewegungen des niederen Adels im Zeitalter der frühbürgerlichen Revolution von Sickingen bis Grumbach. Leipzig 1965.
104. G. PFEIFFER, Hans Thomas von Absberg, in: Fränkische Lebensbilder 13 (1990) 17–32.
105. G. PFEIFFER, Studien zur Geschichte der fränkischen Reichsritterschaft, in: JbFränkLF 22 (1962) 173–280.
106. V. PRESS, Adel, Reich und Reformation, in: Stadtbürgertum und Adel in der Reformation. Stuttgart 1979, 330–383.
107. V. PRESS, Die Reichsritterschaft im Reich der frühen Neuzeit, in: NassAnn 87 (1976) 101–122.
108. V. PRESS, Die Ritterschaft im Kraichgau zwischen Reich und Territorium 1500–1623, in: ZGO 122 (1974) 35–98.
109. V. PRESS, Wilhelm von Grumbach und die deutsche Adelskrise der 1560er Jahre, in: BlldtLG 113 (1977) 396–431.
110. V. PRESS, Kaiser Karl V., König Ferdinand und die Entstehung der Reichsritterschaft. Mainz ²1980.
111. V. PRESS, Kaiser und Reichsritterschaft, in: [48:] Endres (Hrsg.), Adel in der Frühneuzeit, 163–194.
112. K. H. RENDENBACH, Die Fehde Franz von Sickingens gegen Trier. Stuttgart 1933.
113. E. RIEDENAUER, Kontinuität und Fluktuation im Mitgliederstand der fränkischen Reichsritterschaft, in: Gesellschaft und Herrschaft. Festgabe für Karl Bosl. 1969, 87–152.
114. K. H. Frhr. ROTH V. SCHRECKENSTEIN, Geschichte der ehemaligen Reichsritterschaft in Schwaben, Franken und am Rheinstrome. 2 Bde. Freiburg, Tübingen 1859–1871.
115. T. SCHULZ, Der Kanton Kocher der Schwäbischen Reichsritterschaft 1542–1805. Entstehung, Geschichte, Verfassung und Mitgliederstruktur eines korporativen Adelsverbundes im System des alten Reiches. Esslingen 1986.

116. T. CULMANN, Franz von Sickingen. Kaiserslautern 1925.
117. H. ULMSCHNEIDER, Götz von Berlichingen. Ein adeliges Leben der deutschen Renaissance. Sigmaringen 1974.

4. Landsässiger Adel

4.1 In den österreichisch-böhmischen Erblanden

118. E. BRUCKMÜLLER, Sozialgeschichte Österreichs. Wien, München 1985.
119. O. BRUNNER, Bürgertum und Adel in Nieder- und Oberösterreich, in: [46:] Ders., Neue Wege, 135–154.
120. H. C. EHALT, Ausdrucksformen absolutistischer Herrschaft. Der Wiener Hof im 17. und 18. Jahrhundert. Wien 1980.
121. R. J. W. EVANS, The Making of the Habsburg Monarchy 1550–1700. Oxford 1979. In deutscher Übersetzung: Das Werden der Habsburgermonarchie 1550–1700. Gesellschaft, Kultur, Institutionen. Wien/Köln/Graz 1986.
122. G. GRÜLL, Der Robot in Österreich. Linz 1952.
123. H. HANTSCH, Die Geschichte Österreichs. Graz 1965.
124. H. HASSINGER, Ständische Vertretungen in den althabsburgischen Ländern und in Salzburg, in: [305:] Gerhard (Hrsg.), Ständische Vertretungen, 247–285.
125. G. HEISS, Bildungsverhalten des niederösterreichischen Adels im gesellschaftlichen Wandel, in: [80:] Spezialforschung und „Gesamtgeschichte", 139–157.
126. G. HEISS, Konfession, Politik und Erziehung. Die Landschaftsschulen in den nieder- und innerösterreichischen Ländern vor dem Dreißigjährigen Krieg, in: Bildung, Politik und Gesellschaft. Studien zur Geschichte des europäischen Bildungswesens vom 16. bis zum 18. Jahrhundert. Hrsg. v. G. Klingenstein. München 1978, 13–65.
127. G. KLINGENSTEIN, Der Aufstieg des Hauses Kaunitz. Studien zur Herkunft und Bildung des Staatskanzlers Wenzel Anton. Göttingen 1975.
128. A. KOHLER, Bildung und Konfession. Zum Studium der Studenten aus den habsburgischen Ländern an Hochschulen im Reich (1560–1620), in: [126:] Bildung, Politik und Gesellschaft, 64–123.
129. J. MACHARDY, Der Einfluß von Status, Konfession und Besitz auf das politische Verhalten des niederösterreichischen Ritterstandes

1580–1620, in: [80:] Klingenstein/Lutz (Hrsg.) Spezialforschung und „Gesamtgeschichte". München 1982, 56–83.
130. E. OBERHAMMER (Hrsg.), Der ganzen Welt ein Lob und Spiegel. Das Fürstenhaus Liechtenstein in der frühen Neuzeit. Wien/ München 1990.
131. N. V. PRERADOVICH, Der Adel in den Herrschaftsgebieten der Deutschen Linie des Hauses Habsburg, in: [61:] Deutscher Adel 1555–1740, 200–215.
132. V. PRESS, Adel in den österreichisch-böhmischen Erblanden und im Reich zwischen dem 15. und dem 17. Jahrhundert, in: [42:] Adel im Wandel, 19–32.
133. G. REINGRABNER, Adel und Reformation. Beiträge zur Geschichte des protestantischen Adels im Lande unter der Enns im 16. und 17. Jahrhundert. Wien 1976.
134. R. REINGRABNER, Der evangelische Adel, in: [42:] Adel im Wandel, 195–209.
135. K. RICHTER, Die böhmischen Länder von 1471 bis 1740, in: Handbuch der Geschichte der böhmischen Länder. Hrsg. v. K. Bosl. 2. Bd. Stuttgart 1974, 99–412.
136. W. SCHULZE, Reich und Türkengefahr im späten 16. Jahrhundert. Studien zu den politischen und gesellschaftlichen Auswirkungen einer äußeren Bedrohung. München 1978.
137. H. STURMBERGER, Georg Erasmus Tschernembl. Religion, Libertät, Widerstand. Ein Beitrag zur Geschichte der Gegenreformation und des Landes ob der Enns. Linz 1953.

4.2 In Brandenburg-Preußen

138. P. BAUMGART, Epochen der preußischen Monarchie im 18. Jahrhundert, in: ZHF 6 (1979) 287–316.
139. P. BAUMGART (Hrsg.), Ständetum und Staatsbildung in Brandenburg-Preußen. Berlin/New York 1983.
140. P. BAUMGART (Hrsg.), Expansion und Integration. Zur Eingliederung neugewonnener Gebiete in den preußischen Staat. Köln/Wien 1984.
141. P. BAUMGART, Zur Geschichte der kurmärkischen Stände im 17. und 18. Jahrhundert, in: [305:] Gerhard (Hrsg.), Ständische Vertretungen, 131–161.
142. P. BAUMGART, Der Adel Brandenburg-Preußens im Urteil der Hohenzollern, in: [48] Endres (Hrsg.), Adel in der Frühneuzeit, 141–161.

143. G. BIRTSCH, Gesetzgebung und Repräsentation im späten Absolutismus. Die Mitwirkung der preußischen Provinzialstände bei der Entstehung des Allgemeinen Landrechts, in: HZ 208 (1969) 265-294.
144. G. BIRTSCH, Zur sozialen und politischen Rolle des deutschen, vornehmlich preußischen Adels am Ende des 18. Jahrhunderts, in: R. Vierhaus (Hrsg.), Der Adel vor der Revolution. Göttingen 1971, 77-95.
145. G. BIRTSCH, Der preußische Hochabsolutismus und die Stände, in: [139:] Baumgart (Hrsg.), Ständetum, 389-409.
146. O. BÜSCH, W. NEUGEBAUER (Hrsg.), Moderne Preußische Geschichte 1648-1947. Eine Anthologie. 3 Bde. Berlin/New York 1981.
147. F. L. CARSTEN, Die Entstehung Preußens. Köln/Berlin 1968.
148. F. L. CARSTEN, Geschichte der preußischen Junker. Frankfurt a. M. 1988.
149. F. L. CARSTEN, Princes and Parliaments in Germany from the Fifteenth to the Eighteenth Century. Oxford 1959.
150. W. GÖRLITZ, Die Junker. Adel und Bauer im deutschen Osten. Geschichtliche Bilanz von 7 Jahrhunderten. Limburg a. d. Lahn 4. Aufl. 1981.
151. P.-M. HAHN, Landesstaat und Ständetum im Kurfürstentum Brandenburg während des 16. und 17. Jahrhunderts, in: [139:] Baumgart (Hrsg.), Ständetum, 41-79.
152. P.-M. HAHN, Struktur und Funktion des brandenburgischen Adels im 16. Jahrhundert. Berlin 1979.
153. P.-M. HAHN, Fürstliche Territorialhoheit und lokale Adelsgewalt. Die herrschaftliche Durchdringung des ländlichen Raumes zwischen Elbe und Aller. Berlin 1989.
154. G. HEINRICH, Der Adel in Brandenburg-Preußen, in: [61:] Deutscher Adel 1555-1740, 259-314.
155. H. HERZFELD/W. BERGES, Bürokratie, Aristokratie und Autokratie in Preußen, in: JbGMOD 11 (1962) 282-296.
156. O. HINRICHS, Preußen als historisches Problem. Gesammelte Abhandlungen. Hrsg. v. G. Oestreich. Berlin 1964.
157. O. HINTZE, Die Hohenzollern und der Adel, in: HZ 112 (1914), ND in: Ders., Regierung und Verwaltung. Gesammelte Abhandlungen zur Staats-, Rechts- und Sozialgeschichte Preußens, 1967, 30-55.
158. R. KOSELLECK, Preußen zwischen Reform und Revolution. Allgemeines Landrecht, Verwaltung und soziale Bewegung von 1791 bis 1848. Stuttgart 1975.

159. F. MARTINY, Die Adelsfrage in Preußen vor 1806 als politisches und soziales Problem. Stuttgart/Berlin 1938.
160. E. OPGENOORTH, Die rheinischen Gebiete Brandenburg-Preußens im 17. und 18. Jahrhundert, in: [140:] Baumgart (Hrsg.), Expansion, 33–44.
161. H. ROSENBERG, Bureaucracy, Aristocracy and Autocracy. Cambridge/M. 1966.
162. J. K. V. SCHROEDER, Standeserhöhungen in Brandenburg-Preußen 1663–1918, in: Der Herold NF 9 (1978) 1–18.
163. SPRUTH, Landes- und familiengeschichtliche Bibliographie für Pommern. Drucke und Handschriften. Neustadt a. d. Aisch 1962.
164. K. VETTER, Kurmärkischer Adel und preußische Reformen. Weimar 1979.
165. G. VOGLER/K. VETTER, Preußen. Von den Anfängen bis zur Reichsgründung. Berlin ^{6}1979.
166. K. R. WEITZ, Die preußische Rheinprovinz als Adelslandschaft. Eine statistische, sozialgeschichtliche und kulturräumliche Untersuchung zum frühen 19. Jahrhundert, in: RhVjbll 38 (1974) 333–354.

4.3 In Sachsen

167. K. BLASCHKE, Bevölkerungsgeschichte von Sachsen bis zur industriellen Revolution. Weimar 1976.
169. K. CZOK, Der Adel in Kursachsen und August der Starke, in: [48:] Endres (Hrsg.), Adel in der Frühneuzeit, 119–140.
170. August der Starke. Hrsg. v. P. HAAKE. Berlin/Leipzig 1926.
171. H. HELBIG, Der Adel in Kursachsen, in: [61:] Deutscher Adel 1555–1740, 216–258.
172. U. HESS, Geheimer Rat und Kabinett in den Ernestinischen Staaten Thüringens. Weimar 1962.
173. F. KAPHAHN, Kurfürst und kursächsische Stände im 17. und beginnenden 18. Jahrhundert, in: Neues Archiv für sächsische Geschichte 43 (1922) 62 ff.
174. T. KLEIN, Der Kampf um die zweite Reformation in Kursachsen 1586–1591. Köln 1962.
175. R. KÖTZSCHKE, H. KRETZSCHMAR, Sächsische Geschichte. Werden und Wandlungen eines Deutschen Stammes und seiner Heimat im Rahmen der Deutschen Geschichte. Frankfurt a. M. 1965.

176. E. MÜLLER, Die Ernestinischen Landtage in der Zeit von 1485 bis 1572 unter besonderer Berücksichtigung des Steuerwesens, in: Veröff. des Thüringischen Landeshauptarchivs Weimar 1 (1958) 188 ff.

4.4 In Bayern

177. D. ALBRECHT, Staat und Gesellschaft, in: [98:] Handbuch der bayerischen Geschichte II/1 ²1979, 559–593.
178. K. O. Frhr. v. ARETIN, Bayerns Weg zum souveränen Staat. Landstände und konstitutionelle Monarchie 1714–1818. München 1976.
179. K. O. Frhr. v. ARETIN, Die bayerische Landschaftsverordnung 1714–1777, in: [305:] Gerhard (Hrsg.), Ständische Vertretungen, 208–246.
180. D. BEISEL, The Bavarian Nobility in the Seventeenth Century. A Socio-political Study. New York 1969.
181. K. BOSL, Die Geschichte der Repräsentation in Bayern. Landständische Bewegung, landständische Verfassung, Landesausschuß und landständische Gesellschaft. Repräsentation und Parlamentarismus in Bayern vom 13. bis zum 20. Jahrhundert. München 1974.
182. H. H. HOFMANN, Adelige Herrschaft und souveräner Staat, Studien über Staat und Gesellschaft in Franken und Bayern im 18. und 19. Jahrhundert. München 1962.
183. E. KRAUSEN, Die Herkunft der bayerischen Prälaten des 17. und 18. Jahrhunderts, in: ZBLG 27 (1964) 259–285.
184. E. KRAUSEN, Die soziale Struktur der altbayerischen Benediktinerinnen-Konvente im 17. und 18. Jahrhundert, in: StMittOSB 76 (1965) 135–157.
185. M. KSOLL, Die wirtschaftlichen Verhältnisse des bayerischen Adels. Dargestellt an den Familien Törring-Jettenbach, Törring zum Stain sowie Haslang zu Haslangkreit und Haslang zu Hohenkammer. München 1986.
186. M. LANZINNER, Fürst, Räte und Landstände. Die Entstehung der Zentralbehörden in Bayern 1511–1598. Göttingen 1980.
187. R. A. MÜLLER, Universität und Adel. Eine soziokulturelle Studie zur Geschichte der bayerischen Landesuniversität Ingolstadt 1472–1648. Berlin 1974.
188. R. A. MÜLLER, Aristokratisierung des Studiums? Bemerkungen zur Adelsfrequenz an süddeutschen Universitäten im 17. Jahrhundert, in: GG 10 (1984) 31–46.

189. H. RALL, Kurbayern in der letzten Epoche der alten Reichsverfassung 1745–1801. München 1952.
190. E. RIEDENAUER, Bayerischer Adel aus landesfürstlicher Macht, in: Land und Reich. Stamm und Nation. Probleme und Perspektiven bayerischer Geschichte. Festgabe für Max Spindler zum 90. Geburtstag. 2. Bd. München, 107–136.
191. E. RIEDENAUER, Zur Entstehung und Ausformung des landesfürstlichen Briefadels in Bayern, in: ZBLG 47 (1984) 609–673.
192. M. D. SAGEBIEL, Die Problematik der Qualifikation bei den Baierischen Standeserhebungen zwischen 1651 und 1799. Diss. Marburg 1964.
193. R. SCHLÖGL, Absolutismus im 17. Jahrhundert. Bayerischer Adel zwischen Disziplinierung und Integration, In: ZHF 15 (1988) 151–186.
194. R. SCHLÖGL, Bauern, Krieg und Staat. Oberbayerische Bauernwirtschaft und frühmoderner Staat im 17. Jahrhundert. Göttingen 1988.
195. Frhr. v. SCHRENCK-NOTZING; Das Bayerische Beamtentum 1430–1740, in: [255:] Beamtentum und Pfarrerstand, 27–50.
196. S. WEINFURTER, Adel, Herzog und Reformation. Bayern im Übergang vom Mittelalter zur Neuzeit, in: ZHF 10 (1983) 1–39.

4.5 Am Niederrhein und in Westfalen

197. H. GENSICKE, Der Adel im Mittelrheingebiet, in: [60:] Deutscher Adel 1430–1555, 127–152.
198. A. HANSCHMIDT, Die freiherrliche Familie von Fürstenberg und die Reichskirche im 18. Jahrhundert, in: Bischofs- und Kathedralstädte des Mittelalters und der frühen Neuzeit. Hrsg. v. F. Petri. Köln/Wien 1976, 178–199.
199. A. HANSCHMIDT, Franz von Fürstenberg als Staatsmann. Münster 1969.
200. C.-H. HAUPTMEYER, Souveränität, Partizipation und absolutistischer Kleinstaat. Die Grafschaft Schaumburg(-Lippe) als Beispiel. Hildesheim 1980.
201. G. HINSBERG, Sayn-Wittgenstein-Berleburg. 5 Bde. Berleburg 1920–25.
202. F. JACOBS, Die Paderborner Landstände im 17. und 18. Jahrhundert. Ein Beitrag zur Verfassungsgeschichte des Hochstifts Paderborn, in: WestfZ 93 (1937) II, 42–112.

203. E. KLEIN, Studien zur Wirtschafts- und Sozialgeschichte der Grafschaft Sayn-Wittgenstein-Hohenstein vom 16. bis zum Beginn des 19. Jahrhunderts. Marburg 1935.
204. H. KLUETING, Ständewesen und Ständevertretung in der westfälischen Grafschaft Limburg im 17. und 18. Jahrhundert. Ein Beitrag zur territorialen Verfassungsgeschichte Deutschlands in der Frühneuzeit, in: BGDortm 70 (1976) 109–201.
205. H. KLUETING, Reichsgrafen – Stiftsadel – Landadel. Adel und Adelsgruppen im niederrheinisch-westfälischen Raum des 17. und 18. Jahrhunderts, in: [48:] Endres (Hrsg.), Adel in der Frühneuzeit, 17–53.
206. J. LAMPE, Aristokratie, Hofadel und Staatspatriziat in Kurhannover. Die Lebenskreise der höheren Beamten an den kurhannoverschen Zentral- und Hofbehörden 1714–1760. 2 Bde. Hildesheim 1963.
207. G. V. LENTHE, Der niedersächsische Adel, in: [60:] Deutscher Adel 1430–1555, 177–202.
208. H. OBENAUS, Die Matrikel der Hildesheimer Ritterschaft von 1731, in: NdsJb 35 (1963) 127–166.
209. R. Freiin V. OER, Landständische Verfassungen in den geistlichen Fürstentümern Nordwestdeutschlands, in: [305:] Gerhard (Hrsg.), Ständische Vertretungen in Europa, 94–119.
210. H. REIF, Westfälischer Adel 1770–1860. Vom Herrschaftsstand zur regionalen Elite. Kritische Studien zur Geschichtswissenschaft 35. Göttingen 1979.
211. G. THEUERKAUF, Der niedere Adel in Westfalen, in: [60:] Deutscher Adel 1430–1555, 153–176.
212. R. VIERHAUS, Die Landstände in Nordwestdeutschland im späteren 18. Jahrhundert, in: [305:] Gerhard (Hrsg.), Ständische Vertretungen, 72–91.

5. Die wirtschaftlichen Grundlagen

5.1 Grundherrschaft und Gutsherrschaft

213. W. ABEL, Geschichte der deutschen Landwirtschaft vom frühen Mittelalter bis zum 19. Jahrhundert. Stuttgart ³1978.
214. G. V. BELOW, Der Osten und der Westen Deutschlands. Der Ursprung der Gutsherrschaft, in: G. v. Below, Territorium und Stadt. Aufsätze zur deutschen Verfassungs-, Verwaltungs- und Wirtschaftsgeschichte. München/Leipzig 1900, 1–94.

215. G. v. BELOW, Zur Entstehung der Rittergüter, in: [214:] Below, Territorium und Stadt, 95–162.
216. W. BERTHOLD, Die Einkommensstruktur der adeligen Herrschaften um die Mitte des 18. Jahrhunderts. Versuch einer Typologie, in: [236:] Knittler, Nutzen, Renten, Erträge, 204–248.
217. K. BLASCHKE, Das Bauernlegen in Sachsen, in: VSWG 42 (1955) 97–116.
218. W. A. BOELCKE, Die Einkünfte Lausitzer Adelsherrschaften im Mittelalter und in der Neuzeit, in: Wirtschaft, Geschichte und Wirtschaftsgeschichte. Festschrift zum 65. Geburtstag v. Friedrich Lütge. Stuttgart 1966, 183–205.
219. W. ECKERT, Kurland unter dem Einfluß des Merkantilismus 1561–1682. Ein Beitrag zur Verfassungs-, Finanz- und Wirtschaftsgeschichte Kurlands im 16. und 17. Jahrhundert. Riga 1926.
220. R. ENDRES, Adelige Lebensformen in Franken zur Zeit des Bauernkrieges. Würzburg 1974.
221. R. ENDRES, Die wirtschaftlichen Grundlagen des niederen Adels in der frühen Neuzeit, in: JbFränkLF 36 (1976) 215–237.
222. G. FRANZ, Der deutsche Landwarenhandel. Hannover 1960.
223. H. HARNISCH, Die Herrschaft Boitzenburg. Untersuchungen zur Entwicklung der sozialökonomischen Struktur ländlicher Gebiete in der Mark Brandenburg vom 14. bis zum 19. Jahrhundert. Weimar 1968.
224. H. HARNISCH, Die Gutsherrschaft in Brandenburg. Ergebnisse und Probleme, in: JbWG IV (1969) 117–147.
225. H. HARNISCH, Bauern – Feudaladel – Städtebürgertum. Untersuchungen über die Zusammenhänge zwischen Feudalrente, bäuerlicher und gutsherrlicher Warenproduktion und den Ware-Geld-Beziehungen in der Magdeburger Börde und dem nördlichen Harzvorland. Weimar 1980.
226. H. HARNISCH, Rechnungen und Taxationen. Quellenkundliche Betrachtungen zu einer Untersuchung der Feudalrente – vornehmlich vom 16. bis 18. Jahrhundert, in: JbGFeud 6 (1982) 337–370.
227. H. HARNISCH, Die Gutsherrschaft. Forschungsgeschichte, Entwicklungszusammenhänge und Strukturelemente, in: JbGFeud 9 (1985) 189–240.
228. H. HARNISCH, Probleme einer Periodisierung und regionalen Typisierung der Gutsherrschaft im mitteleuropäischen Raum, in: JbGFeud 10 (1986) 257 ff.

229. H. HARNISCH, Grundherrschaft oder Gutsherrschaft. Der niedere Adel Norddeutschlands und seine wirtschaftlichen Grundlagen zwischen Bauernkrieg und Dreißigjährigem Krieg, in [48:] Endres (Hrsg.), Adel in der Frühneuzeit, 73–98.
230. H. KELLENBENZ, Die Betätigung der Großgrundbesitzer im Bereich der deutschen Nord- und Ostseeküste in Handel, Gewerbe und Finanz (16.–18. Jh.), in: Première Conférence Internationale d'Histoire Economique Stockholm 1960. Contributions-Communications 1960. Paris/Den Haag, 495 ff.
231. H. KELLENBENZ, Die unternehmerische Betätigung der verschiedenen Stände während des Übergangs zur Neuzeit, in: VSWG 44 (1957) 1–25.
232. H. KELLENBENZ, Die wirtschaftliche Rolle des schleswig-holsteinischen Adels im 16. und 17. Jahrhundert, in: Arte und Marte. Studien zur Adelskultur des Barockzeitalters in Schweden, Dänemark und Schleswig-Holstein. Hrsg. v. D. Lohmeier. Neumünster 1978, 15–23.
233. H. KNITTLER, Gewerblicher Eigenbetrieb und frühneuzeitliche Grundherrschaft am Beispiel des Waldviertels, in: MIÖG 92 (1984) 115–137.
234. H. KNITTLER, Adel und landwirtschaftliches Unternehmen im 16. und 17. Jahrhundert, in: [42:] Adel im Wandel, 45 ff.
235. H. KNITTLER, Adelige Grundherrschaft im Übergang, in: [80:] Klingenstein/Lutz (Hrsg.), Spezialforschung und „Gesamtgeschichte", 84–111.
236. H. KNITTLER, Nutzen, Renten, Erträge. Struktur und Entwicklung frühneuzeitlicher Feudaleinkommen in Niederösterreich. Mit einem Beitrag von Werner Berthold. Sozial- und wirtschaftshistorische Studien 19. Wien/München 1989.
237. F. LÜTGE, Geschichte der deutschen Agrarverfassung. Stuttgart ²1967.
238. M. MALOWIST, Über die Frage der Handelspolitik des Adels in den Ostseeländern im 15. und 16. Jahrhundert, in: HansGbll 75 (1957) 29 ff.
239. R. MELVILLE, Grundherrschaft, rationale Landwirtschaft und Frühindustrialisierung. Kapitalistische Modernisierung und spätfeudale Sozialordnung in Österreich von den theresianisch-josephinischen Reformen bis 1848, in: [240:] Matis, Von der Glückseligkeit des Staates, 295–313.
240. J. MENTSCHL, Unternehmertypen des Merkantilzeitalters, in: H. Matis (Hrsg.), Von der Glückseligkeit des Staates. Staat, Wirt-

schaft und Gesellschaft in Österreich im Zeitalter des aufgeklärten Absolutismus. Berlin 1981, 341–354.
241. M. NORTH, Untersuchungen zur adligen Gutswirtschaft im Herzogtum Preußen des 16. Jahrhunderts, in VSWG 70 (1983) 1–20.
242. F. REDLICH, Der fürstliche Unternehmer, eine typische Erscheinung des 16. Jahrhunderts, in: Tradition 3 (1958) 17 ff. und 98 ff.
243. D. SAALFELD, Bauernwirtschaft und Gutsbetrieb in vorindustrieller Zeit. Stuttgart 1960.
244. H. SCHISSLER, Die Junker. Zur Sozialgeschichte und historischen Bedeutung der agrarischen Elite in Preußen, in: Preußen im Rückblick. Hrsg. v. H.-J. Puhle, H.-U. Wehler. Göttingen 1980, 89–122.
245. H. SCHISSLER, Preußische Agrargesellschaft im Wandel. Göttingen 1978.
246. A. SIMSCH, Der Adel als landwirtschaftlicher Unternehmer im 16. Jahrhundert, in: Studia Historiae Oeconomica 16, 1981 (1983) 95–115.
247. B. STOLLBERG-RILINGER, Handelsgeist und Adelsethos. Zur Diskussion um das Handelsverbot für den deutschen Adel vom 16. bis zum 18. Jahrhundert, in: ZHF 15 (1988) 273–309.
248. G. TESSIN, Wert und Größe mecklenburgischer Rittergüter zu Beginn des Dreißigjährigen Krieges, in: ZAA 3 (1955) 145–157.
249. W. TREUE, Das Verhältnis von Fürst, Staat und Unternehmer in der Zeit des Merkantilismus, in: VSWG 44 (1957) 26–55.
250. G. VOGLER, Die Entwicklung der feudalen Arbeitsrente in Brandenburg vom 15. bis 18. Jahrhundert. Eine Analyse für das kurmärkische Domänenamt Badingen, in: JbWG I (1966) 142–174.
251. E. WESTERMANN (Hrsg.), Internationaler Ochsenhandel (1550–1750). Stuttgart 1979.
252. H. WIESE/J. BÖLTS (Hrsg.), Rinderhandel und Rinderhaltung im nordwesteuropäischen Küstengebiet vom 15. bis zum 19. Jahrhundert. 1966.

5.2 Bürokratie

253. J. ARNDT, Zur Entwicklung des Kaiserlichen Hofpfalzgrafenamtes 1355–1806. Neustadt a. d. Aisch 1964.
254. K. E. DEMANDT, Amt und Familie, in: HessJbLG 2 (1952) 79–133.

255. G. FRANZ (Hrsg.), Beamtentum und Pfarrerstand 1400–1800. Büdinger Vorträge 1967. Limburg a. d. Lahn 1972.
256. D. GERHARD, Amtsträger zwischen Krongewalt und Ständen – ein europäisches Problem, in: Alteuropa und die moderne Gesellschaft. Festschrift für Otto Brunner. Göttingen 1963, 230–247.
257. O. v. GSCHLIESSER, Das Beamtentum der hohen Reichsbehörden (Reichshofkanzlei, Reichskammergericht, Reichshofrat, Hofkriegsrat), in: [255:] Beamtentum und Pfarrerstand, 1–26.
258. S. JAHNS, Der Aufstieg in die juristische Funktionselite des Alten Reiches, in: [63:] Schulze, Ständische Gesellschaft, 353–388.
259. S. JAHNS, Die Assessoren des Reichskammergerichts in Wetzlar. Wetzlar 1986.
260. S. JAHNS, Die Personalverfassung des Reichskammergerichts unter Anpassungsdruck. Lösungen im Spannungsfeld zwischen Modernität und Überalterung, in: Das Reichskammergericht in der Deutschen Geschichte. Hrsg. v. B. Diestelkamp. Köln, Wien 1990, 59–109.
261. H. LIEBERICH, Die gelehrten Räte – Staat und Juristen in Baiern in der Frühzeit der Rezeption, in: ZBLG 27 (1964) 120–189.
262. W. NEUGEBAUER, Zur neueren Deutung der preußischen Verwaltung im 17. und 18. Jahrhundert. Eine Studie in vergleichender Sicht, in: JbGMOD 26 (1977) 86–128.
263. V. PRESS, Calvinismus und Territorialstaat. Regierung und Zentralbehörden der Kurpfalz 1559–1619. Stuttgart 1970.
264. SMEND, Das Reichskammergericht. Geschichte und Verfassung. Quellen und Studien zur Verfassungsgeschichte des deutschen Reiches in Mittelalter und Neuzeit. Weimar 1911.
265. B. WUNDER, Die Sozialstruktur der Geheimratskollegien in den süddeutschen protestantischen Fürstentümern (1660–1720). Zum Verhältnis von sozialer Mobilität und Briefadel im Absolutismus, in: VSWG 58 (1971) 145–220.
266. H. WANGE, Vom Adel des doctor, in: Das Profil des Juristen in der europäischen Tradition. Hrsg. v. K. Luig, D. Liebs. Ebelsbach 1980, 279–294.
267. E. WYLUDA, Lehnrecht und Beamtentum. Studien zur Entstehung des preußischen Beamtentums. Berlin 1969.
268. W. ZORN, Adel und gelehrtes Beamtentum, in: H. Aubin, W. Zorn (Hrsg.), Handbuch der deutschen Wirtschafts- und Sozialgeschichte. Stuttgart 1971.

5.3 Das adlige Offizierskorps

269. K. DEMETER, Das preußische Offizierskorps in Gesellschaft und Staat 1650–1945. Frankfurt a. M. ⁴1965.
270. O. BÜSCH, Militärsystem und Sozialleben im alten Preußen 1713–1807. Die Anfänge der sozialen Militarisierung der preußisch-deutschen Gesellschaft. Frankfurt a. M./Berlin/Wien ²1981.
271. E. V. FRAUENHOLZ, Das Heerwesen in der Zeit des Dreißigjährigen Krieges. Das Söldnertum. Entwicklungsgeschichte des deutschen Heerwesens III/1. München 1938.
272. J. KUNISCH, Der Kleine Krieg. Studien zum Heerwesen des Absolutismus. Wiesbaden 1973.
273. M. MESSERSCHMIDT, Preußens Militär in seinem gesellschaftlichen Umfeld, in: [244:] Preußen im Rückblick, 43–88.
274. G. OESTREICH, Zur Heeresverfassung der deutschen Territorien von 1500–1800, in: Forschungen zu Staat und Verfassung. Festgabe für F. Hartung. Berlin 1958, 419–439.
275. N. V. PRERADOVICH, Die politisch-militärische Elite in „Österreich" 1526–1918, in: Saec 15 (1964) 393–420.
276. F. REDLICH, The German Military Enterpriser and his Work Force. A Study in European Economic and Social History 1. Wiesbaden 1964/65.
277. B. SICKEN, Das Wehrwesen des fränkischen Reichskreises, Aufbau und Struktur (1681–1714). 2 Bde. Diss. Würzburg. Nürnberg 1967.
278. K. STAUDINGER, Geschichte des kurbayerischen Heeres. 3 Bde. München 1901–1909.
279. P.-C. STORM, Der Schwäbische Kreis als Feldherr. Untersuchungen zur Wehrverfassung des Schwäbischen Reichskreises in der Zeit von 1648 bis 1732. Berlin 1974.
280. R. WOHLFEIL, Adel und Heerwesen, in: [60:] Deutscher Adel 1430–1555, 203–233.
281. R. WOHLFEIL, Adel und Heerwesen, in: [61:] Deutscher Adel 1555–1740, 315–343.
282. R. WOHLFEIL, Ritter – Söldner – Offizier. Wiesbaden 1965.

5.4 Kirche

283. ADEL UND KONFESSION. Ein Rundgespräch, in: [61:] Deutscher Adel 1555–1740, 64–146.
284. K. O. Frhr. V. ARETIN, Heiliges Römisches Reich 1776–1806.

Reichsverfassung und Staatssouveränität. 2 Bde. Wiesbaden 1967.
285. M. Gräfin zu DOHNA, Die ständischen Verhältnisse am Domkapitel von Trier vom 16. bis 18. Jahrhundert, in: HJb 89 (1969) 153 ff.
286. M. DOMARUS, Der Reichsadel in den geistlichen Fürstentümern, in: [61:] Deutscher Adel 1555-1740, 147-171. Dazu: H. Rößler, Ergebnisse und Ergänzungen zum Vortrag Domarus, ebd. 172-199.
287. R. ENDRES, Die geistlichen Fürstentümer und Deutscher Orden. Ballei Franken in: [98:] Handbuch der bayerischen Geschichte II/1, 353-360 und 391-396.
288. H. E. FEINE, Die Besetzung der Reichsbistümer vom Westfälischen Frieden bis zur Säkularisation 1648-1803. ND Amsterdam 1964.
289. H. H. HOFMANN, Der Staat des Deutschmeisters. München 1964.
290. F. JÜRGENSMEIER, Friedrich Karl von Schönborn (1674-1746), in: Fränkische Lebensbilder 12 (1986), 142-162.
291. F. JÜRGENSMEIER, Johann Philipp von Schönborn (1605-1673) und die römische Kurie. Ein Beitrag zur Kirchengeschichte des 17. Jahrhunderts. Mainz 1977.
292. F. JÜRGENSMEIER, Lothar Franz von Schönborn (1674-1746), in: Fränkische Lebensbilder 8 (1978), 103-192.
293. F. JÜRGENSMEIER, Die Schönborn. Ihr Aufstieg von nassauischen Edelleuten zu Reichs- und Kreisfürsten, in: [48:] Endres, Adel in der Frühneuzeit, 1-16.
294. H. KLUETING, Die reformierte Konfessions- und Kirchenbildung in den westfälischen Grafschaften des 16. und 17. Jahrhunderts, in: Die reformierte Konfessionalisierung in Deutschland. Das Problem der „Zweiten Reformation". Hrsg. v. H. Schilling. Gütersloh 1986, 214-232.
295. G. v. LOJEWSKI, Bayerns Weg nach Köln. Geschichte der bayerischen Bistumspolitik in der zweiten Hälfte des 16. Jahrhunderts. Bonn 1962.
296. E. OPGENOORTH, Die Ballei Brandenburg des Johanniterordens im Zeitalter der Reformation und Gegenreformation. Würzburg 1963.
297. G. Frhr. v. PÖLNITZ, Stiftsfähigkeit und Ahnenprobe im Bistum Würzburg, in: Würzburger Diözesangeschichtsblätter 14/15 (1952) 349 ff.

298. H. RAAB, Clemens Wenzeslaus von Sachsen und seine Zeit 1739–1812. 1. Bd. Dynastie, Kirche und Reich im 18. Jahrhundert. Freiburg 1962.
299. A. SCHRÖCKER, Die Patronage des Lothar Franz von Schönborn (1655–1729). Sozialgeschichtliche Studie zum Beziehungsnetz in der Germania Sacra. Wiesbaden 1981.
300. A. SCHRÖCKER, Der Nepotismus des Lothar Franz von Schönborn (1655–1729), in: ZBLG 43 (1980) 93–157.
301. A. SCHULTE, Der Adel und die deutsche Kirche im Mittelalter. Studien zu Sozial-, Rechts- und Kirchengeschichte. Darmstadt ³1958.
302. A. L. VEIT, Geschichte und Recht der Stiftsmäßigkeit auf die ehemals adligen Domstifte von Mainz, Würzburg und Bamberg, in: HJb 33 (1912) 323 ff.

6. Landstände

303. G. BIRTSCH, Die landständische Verfassung als Gegenstand der Forschung, in: [305:] Gerhard, Ständische Vertretungen, 32–55.
304. F. L. CARSTEN, Die Ursachen des Niedergangs der deutschen Landstände, in: HZ 192 (1961) 273–281.
305. D. GERHARD (Hrsg.), Ständische Vertretungen in Europa im 17. und 18. Jahrhundert. Göttingen ²1974.
306. W. GRUBE, Der Stuttgarter Landtag. Von den Landständen zum demokratischen Parlament. Stuttgart 1957.
307. O. HINTZE, Typologie der ständischen Verfassungen des Abendlandes, in: Ders., Staat und Verfassung. Gesammelte Abhandlungen zur allgemeinen Verfassungsgeschichte. Hrsg. v. F. Hartung. Göttingen ²1962, 120–139.
308. F. L. CARSTEN, Die deutschen Landstände und der Aufstieg der Fürsten, in: Die Welt als Geschichte 1 (1960) 16–29; wiederabgedruckt in: Die geschichtlichen Grundlagen der modernen Volksvertretung. Hrsg. v. H. Rausch, 2. Bd., Darmstadt 1974, 315–340.
309. F. HARTUNG, Herrschaftsverträge und ständischer Dualismus in deutschen Territorien, in: Schweizer Beiträge zur allgemeinen Geschichte 10 (1952) 163–177; wiederabgedruckt in: Die geschichtlichen Grundlagen der modernen Volksvertretung. Hrsg. v. H. Rausch, 2. Bd., Darmstadt 1974, 28–46.
310. G. OESTREICH, Ständetum und Staatsbildung in Deutschland,

in: Der Staat 6 (1967) 61–73; wiederabgedruckt in: Geist und Gestalt des frühmodernen Staates. Ausgewählte Aufsätze, Berlin 1969, 277–289; und erneut in: Die geschichtlichen Grundlagen der modernen Volksvertretung. Hrsg. v. H. Rausch, 2. Bd. Darmstadt 1974, 47–62.

311. W. NÄF, Herrschaftsverträge und Lehre vom Herrschaftsvertrag, in: Schweizer Beiträge zur allgemeinen Geschichte 7 (1949), 26–52; wiederabgedruckt in: Die geschichtlichen Grundlagen der modernen Volksvertretung. Hrsg. v. H. Rausch, 1. Bd., Darmstadt 1980, 212–245.

312. W. NÄF, Frühformen des „modernen Staates" im Spätmittelalter, in: HZ 171 (1951) 225–243.

313. E. WEIS, Kontinuität und Diskontinuität zwischen den Ständen des 18. Jahrhunderts und den frühkonstitutionellen Parlamenten von 1818/1819 in Bayern und Württemberg, in: Festschrift für Andreas Kraus zum 60. Geburtstag. Hrsg. v. P. Fried, W. Ziegler. Kallmünz 1982, 337–355.

314. H. BRANDT, Landständische Repräsentation im deutschen Vormärz. Neuwied 1968.

315. G. OESTREICH, Geist und Gestalt des frühmodernen Staates. Berlin 1969.

316. O. BRUNNER, „Feudalismus". Ein Beitrag zur Begriffsgeschichte, in: Neue Wege der Verfassungs- und Sozialgeschichte. Göttingen ²1980, 128–159.

Register

1. Personen- und Autorenregister

Absberg, Hans Thomas von 61
Adelmann von Adelmannsfelden, Bernhard 63
Alexanders VI., Papst 14
Alvensleben 86, 92
Amsdorf, Nikolaus von 64
Arenberg 5
ARETIN, O. Frhr. v. 14, 74–76, 98, 111 f.
ARNDT, J. 70
Arnim 86
Auersperg 5, 82

Baden, Markgraf Ludwig von 82
BADER, K. S. 57, 68
Barby 94
Bartenstein 81
BAUMGART, P. 84 f., 89, 111, 113 f.
Bayern, Kurfürst Maximilian von 13, 22, 33, 35
– Max Emanuel von 33, 81
– Ferdinand Maria 33
– Karl Theodor 56, 96
Becher, J. J. 53
Beichlingen 93
BEISEL, D. 97
Bellin 86
BELOW, G. von 103
BERGES 84
Berlichingen, Götz von 10, 61, 63
BIRTSCH, G. 55, 84, 110 f., 114
Bismarck 86
BLASCHKE, K. H. 93
BLEEK, K. 51
BLICKLE, P. 62
BÖHME, E. 57–59
Borcke 86
Bose 93 f.

BOSL, K. 98, 112 f.
Brandenburg, Markgraf Albrecht 64
– König Friedrich II. 28 f., 41, 84, 89–91, 108
– König Friedrich Wilhelm I. 107, 109
– Kurfürst Friedrich Wilhelm I. 23 f., 26–29, 41, 43, 89 f., 107
– Kurfürst Friedrich Wilhelm II. 41, 43, 90
– Kurfürst Joachim I. 24, 85, 88 f.
– Kurfürst Joachim II. 89
BRANDT, H. 113
Bredow 86, 107
BÜSCH, O. 106, 108 f.
BUSZELLO, H. 62

Carlowitz 93
CARSTEN, F. L. 84–87, 89 f., 102, 104, 107 f., 114
Crailsheim, Reichsfreiherr Craft von 37
CULMANN, T. 61
CZOK, K. 92–94

Dalberg 71
DANNER 68
Daun 81
DEMANDT, K. E. 106
DEMETER, K. 107
Dietrichstein 5, 82
DILTHEY, W. 63
DOHNA, GRÄFIN M. VON 74
Droste-Vischering 45
DUCHHARDT, H. 70 f.
DUNGERN, FREIHERR VON 74

Einsiedel 93
ENDRES, R. 49, 54, 60–63, 68, 70–74, 76, 101
Eugen, siehe Savoyen

FEINE, H. E. 74
Feistel 40
Ferdinand, Erzherzog 20
Ferdinand II., Kaiser 80
Ferdinand III., Kaiser 21
Flemming 93
FRANZ, G. 49
Freyberg, Pankraz von 66
Fugger 56
- Jakob 96
- Joachim 96
Fürstenberg 5, 35, 93
- Anton Egon von 31, 93f.
- Dietrich 100
- Franz 100
- Franz Egon 100

Gaisberg, Carl Johann Friedrich von 74
Galen 45
Gallitzin 100
GARBER, J. 51
GERHARD, D. 105
GERLACH, G. 92
Gersdorf 94
Geuder 72
GLAWISCHNIG, R. 57, 59
Goltz, von der 107
- K. Frhr. von der 92
- J. von der 92
GÖRLITZ, W. 84, 108
GRITZNER, M. 95
GRUBE, W. 113
GRÜLL, G. 77
Grumbach, Wilhelm von 13, 66f.

HAAKE, P. 93
Habsburg 46
HAHN, P.-M. 85–88, 101–104
HANSCHMIDT, A. 100
HARNISCH, H. 85, 88, 101, 103f.
Harrach, Isabella Katharina von 22
HARTUNG, F. 84, 114
HASSINGER, H. 81
HATZFELD, L. 57

Haugwitz 81, 94
HEINRICH, G. 51, 60, 83–86, 88–92, 113
HEISS, G. 78
HELBIG, H. 92f.
Helfenstein, Rudolf von 96
HELLSTERN, D. 68f.
Henneberg, Wilhelm von 62
HERZFELD, H. 84
Hessen, Landgraf Philipp von 61
- Landgraf Moritz von 113
HINRICHS, C. 84
HINTZE, O. 23, 84f., 106, 110
Hipler, Wendel 62
HOFMANN, H. H. 49, 57, 68f., 76, 98
HOHENDAHL, P.-U. 55
Hohenlohe 57, 80
Hohenzollern 5, 46
HOLBORN, H. 63
Holzschuher 72
Honstein 94
Hopfer 71
Hoym, Ludwig Gebhard von 94
HUBER, E. R. 68
Hutten, Ulrich von 10, 61, 63f.

Imhoff 72
Ingelheim 71

JAHNS, S. 71, 105
Josef II., Kaiser 6
JUSTI, J. H. G. v. 53

Kalkreuth 86
Karl V., Kaiser 65
Karl VII., Kaiser 56, 72
Kaunitz 80f.
KELLENBENZ, H. 50
KESTING, H. 59
Ketteler 45
Khlesl, Melchior, Bischof 20
Kinsky 80
Klitzing 86
KLEIN, T. 55f., 58
Kleist 107
KLINGENSTEIN, G. 82
KLUETING, H. 59, 99, 112
KNAPP, G. F. 103
Knesebeck 86
KNITTLER, H. 77f., 82, 100f.

Knoch 94
KOHLER, A. 79
KOLLMER, G. 74
Kolon, Linhart 80
Kolowrat 80
KOSELLECK, R. 87, 91
KRAUSEN, E. 97
Kreß 72
KREYDEMANN, J. K. 71
KSOLL, M. 95–98
KUNISCH, J. 50f., 108
Kurland, Herzog Jakob von 40

Lacy 81
LANZINNER, M. 97
Laudon 81
LEIB, J. G. 53
LENTHE, G. v. 50
Lerche 94
Leopold I., Kaiser 56
Liechtenstein 5, 56, 82
Lobkowitz 5, 56, 80, 82
Löben 86
Löser, Hans von 94
Löwendahl 93
Lossow 86
Lothringen, Karl von 81
LÜTGE, F. 103
Luther 10, 61, 63
LUTZ, H. 82
LÜTZELER, P. M., 55
Lynar, Rochus Graf 87

Mainz, Bischof Albrecht von 63
MACHARDY, J. 78–80
MAGEN, F. 57, 59
Maltzan, Graf Karl von 40
Mansfeld 94
Manteuffel 93
Maria Theresia 5
Martiniz 21
MARTINY, F. 87, 90f., 104, 110
Marwitz, von der 86, 107
Matthias, Erzherzog 20
Maximilian II., Kaiser 19
MAYER, M. 62
Mecklenburg-Schwerin, Karl
 Leopold von 6
Merveldt 45
Mespelbrunn, Julius Echter von 66

MESSERSCHMIDT, M. 107
Metternich 56
MÖSER, J. 54
MOSER, J. J. 94
– F. C. von 72
MÜLLER, R. A. 96

NÄF, W. 114
Napoleon 9, 83
Nassau 5, 57
Neuhaus 80
NORTH, M. 101

OER, R. FREIIN VON 99, 112
Österreich, Erzherzog Maximilian
 von 75
OESTREICH, G. 50, 106f., 110, 112,
 114
OPGENOORTH, E. 65
Oranien, Wilhelm von 8
Ortenburg, Graf Joachim von 66

Palm, Carl Josef I. 5
– Carl Josef II. 5
– Johann David 5
Pappenheim 96
Parsberg 96
Pfuel 86
Pflugk 93
PFEIFFER, G. 61, 68f., 112
PRERADOVICH, H. VON 77, 81f.
Preising 96
PRESS, V. 49, 57–60, 62–68, 71, 74,
 77, 80, 82f., 114f.
Preußen, Herzog Albrecht von 40
Putlitz, Gans von 86

Quitzow 86

RAAB, H. 74
RALL 95
Rantzau 40
Rechberg, Ferdinand Joseph von
 75
Redern 80
REINGRABNER, R. 66, 77
RENDENBACH, K. H. 61
RICHTER, K. 77, 80, 82, 104
RIEDENAUER, E. 61, 63, 65, 68, 70,
 95

Rieneck 58
Rochow 86
Roggenbach 46
ROSENBERG, H. 84, 102, 108
Rosenberger 80
Rotenhan, Sebastian von 62f.
Rudolf II., Kaiser 20, 77

Sachsen, Kurfürst August von
  (der Starke) 7, 31f., 93f.
– Kurfürst Johann Georg III. 94
– Clemens Wenzeslaus von 75
SAGEBIEL 95
Salm 5
Savoyen, Prinz Eugen von 23, 82
– Henriette Adelheid von 33
Sayn-Wittgenstein-Wittgenstein,
  Gustav von 6
Schaumburg, Sylvester von 62
Schellenberg 80
SCHISSLER, H. 102, 104
Schlabrendorf 86
SCHLÖGL, R. 95, 97f.
SCHMIDT, G. 57f.
Schönberg 94
Schönborn 15, 76
– Damian Hugo 15
– Franz Georg 15
– Friedrich Karl 15, 76
– Johann Philipp 15
– Lothar Franz 15, 76
Schöning, Hans Adam von 93
SCHRECKENSTEIN, K. H. FRHR. ROTH
  VON 76
SCHRÖCKER, A. 76
Schröder, W., Freih. von 53
Schulenburg 86
SCHULZ, T. 68
SCHULZE, W. 49–51, 77
Schwarzenberg 5, 41, 82, 94, 96
– Christoph von 97
– Johann Adolf von 56, 64
Schwarzenburg 5
Schweden, Gustav Adolf von 22
Schwerin 107
Seckendorff 71
– Veit Ludwig von 42
Seiboldsdorf 96
SICKEN, B. 108
Sickingen, Franz von 9f., 60f., 63f.

Sigismund, Kaiser 9
SMEND, R. 58
Solms, Reinhard zu 7
SPRUTH 92
Stauffenberg, Johann Franz von 46
STEIN, FRHR. VON 55
Stolberg 94
STOLLBERG-RILINGER 53f.
STORM, P.-C. 108
STURMBERGER, H. 80
Swieten, Gerhard van 81
Sydow 86
Sylva, Emanuel da 81

Thüngen 71
Thüringen, Kurfürst Johann
  Friedrich von 30
Thurn 80
– Heinrich Mathias 80
Thurn und Taxis 5
Törring 97
Trauttmansdorff 21
Trott 86
Tschernembl 20, 80
Tucher 72

UHLHORN, F. 7
ULMSCHNEIDER, H. 61f.

VEIT, A. L. 74
VETTER, K. 85
VIERHAUS, R. 110, 112
VOGLER, G. 85

Waldburg 56
Waldow 86
Wallenstein (Waldstein) 5, 21, 56
– Albrecht 21f., 43
WANGE, H. 51
WÄTJEN, H. 92
Welfen 46
WEIS, E. 113f.
Werthern 93
Wied-Neuwied, Dietrich von 6
WILLOWEIT, D. 82
Wittelsbacher 46, 99
WEBER, M. 1, 54
Welser 72
WOHLFEIL, R. 106f.
WUNDER, G. 105

2. Orts- und Länderregister

Anhalt 5
Ansbach 41, 61, 64
Augsburg 12, 17, 65, 71
– Bistum 45f., 76

Baden 5, 41
Bamberg, Bistum 45, 75f.
Basel, Bistum 45f.
Bayern 4, 33, 44, 66, 95, 112
Bayreuth siehe Kulmbach
Berlin 9
Bremen, Erzbistum 16
Breslau 14
Brixen, Bistum 45, 76
Böhmen 3, 5, 20f., 40f., 79, 82f., 104
Boitzenburg 101
Brandenburg 3, 22–24, 26, 29, 38, 41, 60, 64, 85f., 103, 111–113
Braunschweig-Lüneburg 4, 38, 112

Chur, Bistum 45
Cleve 24, 26

Dänemark 40, 93
Darmstadt, siehe Hessen
Donauwörth 13
Durlach, siehe Baden

Eger 22
Eichstätt, Bistum 45
Elsaß 9, 11
Enns, siehe Land ob der Enns
Erfurt 63
Erxleben 92

Franken 6–13, 37, 39, 46f., 58, 60, 67, 112
Frankfurt am Main 63, 72
Frankfurt an der Oder 86
Frankreich 11, 61
Freising, Bistum 45
Fulda, Bistum 11, 44

Graz 19
Greifswald 63

Halberstadt, Bistum 16
Hannover 36, 112
Havelberg 86
Heidelberg 8
Heilbronn 14, 73
Heiligengrabe 90
Hildesheim 102
– Bistum 36, 45, 60, 66, 100
Hessen 5, 7, 41, 75, 113
Holstein 5
Hornberg 61

Ingolstadt 96

Jagsthausen 61

Kammin, Bistum 16
Kärnten 19, 22, 81
Kassel, siehe Hessen
Kleve, siehe Cleve
Köln 63
– Erzbistum 14f., 35, 37, 45, 66, 99f.
Konstanz, Bistum 15, 45f.
Krain 19
Kulmbach-Bayreuth, Fürstentum 17, 41, 73
Kurmark, siehe Brandenburg
Kurpfalz 67, 95, 112
Kursachsen, siehe Sachsen

Landau 61
Land ob der Enns 19, 81
Land unter der Enns 81
Landshut 61
Leipzig 63, 94
Livland 75, 93
Lothringen 5
Lübeck, Bistum 16
Lüttich, Bistum 45, 100
Lützen 22

Magdeburg 16, 28, 90, 102
Mainz, Erzbistum 7, 15, 37, 45, 75f., 100
Mähren 3, 21, 81f.
Mark 24, 26
Mecklenburg 5, 40, 64, 110–113
Meißen 81
Mergentheim 46, 75
Minden, Bistum 16
Mühlberg 7
München 33, 98
Münster, Bistum 36f., 45, 66, 99f.
Muskau 39

Neumark, siehe Brandenburg
Niederlausitz 39
Niederösterreich 20, 22, 38f., 80, 100
Niederrhein, siehe Rheinland
Niedersachsen 35
Nürnberg 17f., 21, 61, 71f.

Oberlausitz 93
Oberpfalz 35
Oberösterreich 20, 80
Osnabrück, Bistum 16, 36, 45
Ostelbien 38, 103
Österreich 38, 40, 44
Ostfriesland 5

Paderborn, Bistum 36f., 45, 66, 99f.
Passau, Bistum 45
Polen 94
Pommern 38, 93
Potsdam 109
Prag 8, 20, 77, 80, 82
– Bistum 14
Preußen 24–26, 44, 75, 113

Ratzeburg, Bistum 16

Ravensberg 24
Regensburg 55
– Bistum 45, 76, 97
Rheinland 9, 11, 24, 33, 36, 58, 60

Sachsen 3, 20, 22, 30f., 64, 67, 75, 92, 112
Salzburg, Bistum 14, 45, 75, 81, 100
Savoyen 5
Schlesien 3, 38, 40
Schleswig-Holstein 40
Schwaben 9–12, 58, 60, 67
Schweinfurt 6, 62
Schwerin, Bistum 16
Sorau 39
Speyer, Bistum 15, 45, 76, 100
Steiermark 19, 22, 41, 81
Straßburg 17, 71, 81
– Bistum 15f.

Thüringen 30f., 39, 41, 75
Tirol 22
Trier, Erzbistum 10f., 14f., 45, 76, 100
Turrach 41

Ulm 71

Verden, Bistum 16

Westfalen 7f., 35f., 40
Wetterau 7f.
Wien 8f., 19, 22f., 96
Wittenberg 94
Worms, Bistum 15, 45, 61, 76
Württemberg 5, 41, 112f.
Würzburg, Bistum 13, 15, 44f., 66f., 75f., 100

3. Sachregister

Abgaben 10, 24, 28, 30f., 38, 68, 73, 86, 101
Adelskrise 13, 24, 30, 52, 55, 62, 66, 90

Adelsprivilegien 2, 4, 9, 12, 17, 19, 24, 26–28, 30–32, 34, 36, 52, 72f., 77, 86f., 91, 94f., 98, 106, 109, 111f.

Register

Allgemeines Landrecht 1794 29 f., 91
Amtsträger 20, 26, 29, 32 f., 42 f., 45, 50–52, 60, 73, 79, 84, 89 f., 93, 96, 98, 105 f., 108 f.
Augsburger Religionsfriede 12 f., 65
Ausbildung 37, 42, 74, 78 f., 107, 110
Autonomie, ständische 19 f., 80, 112

Bauern 3, 24 f., 28 f., 38, 40, 53, 77, 86, 93, 102, 108
Bauernkrieg 9 f., 52, 62, 64
Beamte siehe Amtsträger
Bergbau 39 f.
Besoldung 42, 97, 108

Charitativsubsidien 12, 68 f.
Corpus Voitlandicum 73

Deutscher Orden 16, 25, 46, 64 f., 75 f., 100
Disziplinierung 27, 95 f.
Doktorgrad 51, 76, 105
Dreißigjähriger Krieg 10, 39, 46, 66, 73, 79–81, 97, 106, 111

Eigenwirtschaft 24 f., 34, 38–40, 77, 86–88, 101 f., 104
Ewiger Landfriede 1495 10, 60

Fehde 10, 24, 60–63, 67, 85
Friede von Prag 1635 8

Gegenreformation 13, 19 f., 45, 66, 77 f., 100
Gemeiner Pfennig 9, 68
Gerichtsbarkeit 3 f., 17, 26 f., 32 f., 69, 87, 91, 93, 95, 101, 104
Getreide 24, 38, 40, 86 f.
Gewerbe 32, 40, 54, 72, 77, 91
Grafenvereine 7 f., 57, 59
Grundherrschaft 1, 21, 24, 34, 38, 77, 78, 86, 100 f., 103 f.
Gutsherrschaft, Gutswirtschaft 1 f., 24–27, 29, 38 f., 85–87, 101–104, 108 f., 113

Heilbronner Bund 14
Handel 24, 30, 32, 40, 53 f., 72, 87 f.

Humanismus 61, 63

Junker 2, 23–25, 28, 30, 83–88, 90, 92, 102, 104, 108 f.
Juristen 51, 71, 105

Kaiserhof siehe Wiener Hof
Konnubium 4–6, 21 f., 54, 59, 70, 72, 88, 96, 99 f., 106
Kurien siehe Landtag, Reichstag

Landrat 27, 87, 90, 108
Landsassiat 15, 17, 34, 97
Landstände, Landtag 1 f., 11, 22–26, 30–32, 34–37, 52, 66, 89–91, 93, 96, 98 f., 102, 105, 110–114
Landtafel 3, 21, 97
Lebensweise 1, 6, 9, 12, 18, 25, 54, 63, 73 f., 87 f., 98–102, 106 f.
Lehenswesen 4, 43, 49, 65, 94, 106

Majestätsbrief 20
Mediatisierung 6 f., 9 f., 18
Membra Imperii 68
Militärkaufmann 43

Nobilitierung siehe Standeserhebung

Offizierskorps 27–29, 43–44, 107 f., 113

Patriziat 5, 17 f., 23, 54, 70–73, 76, 106
Peuplierungen 40
Pfründen 14, 16, 25, 44–46, 64, 66, 76, 99, 109
Prager Fenstersturz 20, 80
Preßburger Friede 1805 18

Raubritter 10, 61–63
Refeudalisierung 13, 101
Reformation 4, 10, 13 f., 19, 24 f., 45, 61, 63–66, 75, 77, 80, 85, 112
Reichskammergericht 6, 12, 42, 58, 60, 62, 65, 70 f., 104
Reichskirche 1, 13–14, 46, 58, 74 f., 99
Reichsministerialität 9, 58
Reichstag 7 f., 10, 14, 19, 59, 68, 75

Register

Ritterkantone 12, 69 f., 73
Ritterkreise 11, 14 f., 18, 69, 71–73

Säkularisierung 14, 16, 25, 61, 66, 75, 85
Schäferei 39
Schlacht am Weißen Berg 20 f., 80
Schwäbischer Bund 6, 9, 60 f.
Sickingsche Fehde 9, 60–64
Siebenjähriger Krieg 29, 31, 40
Sozialordnung 3, 91
Standeserhebung 1, 3, 9, 18, 20, 29, 32 f., 50, 52, 55 f., 70, 78 f., 81, 90, 95 f., 105
Steuern 2, 4, 10, 12, 17, 25, 27 f., 30, 34 f., 68 f., 73, 89, 93 f., 98, 106 f., 111–113 f.
Stiftsadel 1, 9, 36 f., 45, 59, 66, 98 f.

Stiftsfähigkeit 15, 52, 70, 72, 74 f.
Stiftspfründen 45

Teichwirtschaft 39, 101
Türkenhilfe 11 f., 19, 68, 77
Territorialherrschaft 2 f., 10, 36, 41 f., 62, 105, 112 f.

Unternehmer 24 f., 40 f., 43, 53, 77

Viehwirtschaft (Rinder) 38 f., 40, 86

Wiener Hof 8, 9, 18 f., 23, 76, 82, 83
Westfälischer Friede 1648 14, 82 f.

Zehnt 101
Ziegelei 39
Zoll 4, 25, 103

Enzyklopädie deutscher Geschichte
Themen und Autoren

Mittelalter

Demographie des Mittelalters / Neithard Bulst	Gesellschaft
Agrarwirtschaft, Agrarverfassung und ländliche Gesellschaft im Mittelalter / Werner Rösener	
Adel, Rittertum und Ministerialität im Mittelalter / Thomas Zotz	
Die Stadt im Mittelalter / Franz Irsigler	
Armut im Mittelalter / Otto Gerhard Oexle	
Geschichte des Judentums im Mittelalter / Michael Toch	
Wirtschaftlicher Wandel und Wirtschaftspolitik im Mittelalter / Ludolf Kuchenbuch	Wirtschaft
Die geistige Kultur bis zur Gründung der Universitäten in Deutschland / Johannes Fried	Kultur, Alltag, Mentalitäten
Die geistige Kultur im Mittelalter / N.N.	
Die ritterlich-höfische Kultur des Mittelalters / Werner Paravicini	
Die materielle Kultur des Mittelalters / Hartmut Boockmann	
Die mittelalterliche Kirche / Michael Borgolte	Religion und Kirche
Religiöse Bewegungen im Mittelalter / Matthias Werner	
Formen der Frömmigkeit im Mittelalter / Arnold Angenendt	
Die Germanen / Hans Hubert Anton	Politik, Staat, Verfassung
Die Slawen in der deutschen Geschichte des Mittelalters / N.N.	
Das römische Erbe und das Merowingerreich / Reinhold Kaiser	
Das Karolingerreich / Peter Johanek	
Die Entstehung des deutschen Reiches / Joachim Ehlers	
Königtum und Königsherrschaft im 10. und 11. Jahrhundert / Egon Boshof	
Der Investiturstreit / Wilfried Hartmann	
König und Fürsten, Kaiser und Papst nach dem Wormser Konkordat / Bernhard Schimmelpfennig	
Deutschland und seine Nachbarn 1200–1500 / Dieter Berg	
Die kirchliche Krise des Spätmittelalters / Heribert Müller	
König, Reich und Reichsreform im Spätmittelalter / Karl-Friedrich Krieger	
Landesherrschaft, Territorien und Frühformen des modernen Staates / Ernst Schubert	

Frühe Neuzeit

Demographie 1500–1800 / Christian Pfister	Gesellschaft
Bauern zwischen Bauernkrieg und Dreißigjährigem Krieg / André Holenstein	
Bauern 1648–1806 / Werner Troßbach	
Adel in der Frühen Neuzeit / Rudolf Endres	

Der frühneuzeitliche Hof / Rainer A. Müller
Die Stadt in der Frühen Neuzeit / Heinz Schilling
Armut, Unterschichten, Randgruppen in der Frühen Neuzeit /
  Wolfgang von Hippel
Unruhen in der ständischen Gesellschaft 1300–1800 / Peter Blickle
Geschichte des Judentums vom 16. bis zum Ende des 18. Jahrhunderts /
  Stefi Jersch-Wenzel

Wirtschaft Die deutsche Wirtschaft im 16. Jahrhundert / Franz Mathis
Die Entwicklung der Wirtschaft im Zeitalter des Merkantilismus 1620–1800 /
  Rainer Gömmel
Landwirtschaft in der Frühen Neuzeit / Walter Achilles
Gewerbe in der Frühen Neuzeit / Wilfried Reininghaus
Handel und Verkehr, Banken und Versicherungen in der Frühen Neuzeit /
  Wolfgang Behringer

Kultur, Alltag, Medien in der Frühen Neuzeit / Erdmann Weyrauch
Mentalitäten Bildung und Wissenschaft in der Frühen Neuzeit 1650–1800 /
  Anton Schindling
Die Aufklärung / N.N.
Lebenswelt und Kultur des Bürgertums in der Frühen Neuzeit /
  Bernd Roeck
Lebenswelt und Kultur der unterbürgerlichen Schichten in der Frühen
  Neuzeit / Günther Lottes

Religion und Die Reformation. Voraussetzungen und Durchsetzung / Bob Scribner
Kirche Konfessionalisierung im 16. Jahrhundert / Heinrich Richard Schmidt
Kirche, Staat und Gesellschaft im 17. und 18. Jahrhundert / N.N.
Religiöse Bewegungen in der Frühen Neuzeit / Hans-Jürgen Goertz

Politik, Staat, Das Reich in der Frühen Neuzeit / Helmut Neuhaus
Verfassung Landesherrschaft, Territorien und Staat in der Frühen Neuzeit /
  Winfried Schulze
Die Entwicklung der landständischen Verfassung / Franz Quarthal
Vom aufgeklärten Reformstaat zum bürokratischen Staatsabsolutismus /
  Walter Demel

Staatensystem, Das Reich im Kampf um die Hegemonie in Europa 1521–1648 /
internationale   Alfred Kohler
Beziehungen Altes Reich und europäische Staatenwelt 1648–1806 / Heinz Duchhardt

19. und 20. Jahrhundert

Gesellschaft Demographie des 19. und 20. Jahrhunderts /
  A. Gräfin zu Castell Rüdenhausen
Geschichte der Familie im 19. und 20. Jahrhundert / Andreas Gestrich
Urbanisierung im 19. und 20. Jahrhundert / Klaus Tenfelde
Soziale Schichtung, soziale Mobilität und sozialer Protest im 19. und
  20. Jahrhundert / Josef Mooser
Geschichte des deutschen Adels im 19. und 20. Jahrhundert / H. Reif
Von der ständischen zur bürgerlichen Gesellschaft / Lothar Gall
Das Bürgertum im 19. und 20. Jahrhundert / Dieter Hein
Die Angestellten im 19. und 20. Jahrhundert / Günther Schulz
Die Arbeiterschaft im 19. und 20. Jahrhundert / Gerhard Schild

Juden und jüdische Gemeinschaften in Deutschland 1780–1918 / Shulamit Volkov
Geschichte des deutschen Judentums 1914–1945 / Moshe Zimmermann

Vorgeschichte, Verlauf und Charakter der deutschen industriellen Revolution / Hans-Werner Hahn Wirtschaft
Die Entwicklung der Wirtschaft im 20. Jahrhundert / Wilfried Feldenkirchen
Agrarwirtschaft und ländliche Gesellschaft in Deutschland im 19. Jahrhundert / Hartmut Harnisch
Gewerbe und Industrie im 19. und 20. Jahrhundert / Toni Pierenkemper
Handel und Verkehr im 19. Jahrhundert / Karl Heinrich Kaufhold
Handel und Verkehr im 20. Jahrhundert / Horst A. Wessel
Banken und Versicherungen im 19. und 20. Jahrhundert / Eckhard Wandel
Staat und Wirtschaft im 19. Jahrhundert (bis 1914) / Rudolf Boch
Staat und Wirtschaft im 20. Jahrhundert / Gerold Ambrosius

Kultur, Bildung und Wissenschaft im 19. Jahrhundert / Rüdiger vom Bruch Kultur, Alltag,
Kultur, Bildung und Wissenschaft im 20. Jahrhundert / Horst Möller Mentalitäten
Lebenswelt und Kultur des Bürgertums im 19. und 20. Jahrhundert / Dieter Langewiesche
Lebenswelt und Kultur der unterbürgerlichen Schichten im 19. und 20. Jahrhundert / Wolfgang Kaschuba

Formen der Frömmigkeit in einer säkularisierten Gesellschaft / Werner K. Blessing Religion und Kirche
Kirche, Politik und Gesellschaft im 19. und 20. Jahrhundert / Gerhard Besier

Der Deutsche Bund und das politische System der Restauration 1815–1866 / Wolfram Siemann Politik, Staat, Verfassung
Verfassungsstaat und Nationsbildung 1815–1871 / Elisabeth Fehrenbach
Die innere Entwicklung des Kaiserreichs / Hans-Peter Ullmann
Die innere Entwicklung der Weimarer Republik / Peter Steinbach
Das nationalsozialistische Herrschaftssystem / Ulrich v. Hehl
Die Bundesrepublik. Verfassung, Parlament und Parteien / Adolf M. Birke
Die Innenpolitik der Deutschen Demokratischen Republik / Günther Heydemann

Die deutsche Frage und das europäische Staatensystem 1815–1871 / Anselm Doering-Manteuffel Staatensystem, internationale Beziehungen
Deutsche Außenpolitik 1871–1918 / Klaus Hildebrand
Die Außenpolitik der Weimarer Republik / Franz Knipping
Die Außenpolitik des Dritten Reiches / Marie-Luise Recker
Die Außenpolitik der Bundesrepublik Deutschland / Gregor Schöllgen
Die Außenpolitik der Deutschen Demokratischen Republik / Alexander Fischer

(Stand: August 1992)

www.ingramcontent.com/pod-product-compliance
Lightning Source LLC
Chambersburg PA
CBHW020412230426
43664CB00009B/1267